Das größte Insekt ist der Elefant

Professor Gallettis
sämtliche Kathederblüten

Neu herausgegeben und nach den
besten Quellen vermehrt und
eingeleitet von Helmut Minkowski

Deutscher
Taschenbuch
Verlag

Originalausgabe
November 1965
14. Auflage Januar 1997
© 1965 Deutscher Taschenbuch Verlag GmbH & Co. KG,
München
Umschlagbild: Felix Weinold
Gesetzt aus der Bembo 10,5/12˙ (Winword 6.0)
Gedruckt auf säurefreiem, chlorfrei gebleichtem Papier
Gesamtherstellung: C. H. Beck'sche Buchdruckerei,
Nördlingen
Printed in Germany · ISBN 3-423-12327-3

»Ob Homer gelebt hat, wissen wir nicht. Daß er blind war, ist bekannt.« Die Schüler des Gothaer Gymnasiums um 1800 waren zu beneiden. Denn sie wurden unterrichtet von dem hochgelehrten, aber auch ebenso zerstreuten Professor Johann Georg August Galletti, dem der erste Platz im Ruhmestempel des unfreiwilligen Humors gebührt. Ständig darum bemüht, den trockenen Stoff anschaulich vorzutragen, entsprangen seinem Hirn die seltsamsten Kathederblüten: »Als Humboldt den Chimborasso bestieg, war die Luft so dünn, daß er nicht mehr ohne Brille lesen konnte.« So etwas prägt sich ein. Galletti war aber auch ein großer Philosoph: »Das Schwein führt seinen Namen mit Recht – denn es ist ein sehr unreinliches Tier.« Und wer würde nicht an Nestroy oder Shakespeare denken, wenn er liest: »Ich bin so müde, daß ein Bein das andere nicht sieht.«

Johann Georg August Galletti wurde am 19. August 1750 im thüringischen Altenburg während eines Gastspiels des gothaischen Hoftheaters, an dem seine Eltern mitwirkten, geboren. Er studierte zunächst Jura, bald aber Geographie und Geschichte in Göttingen. 1772 trat er eine Stelle als Hauslehrer bei Herrn von Schlotheim in Gräfentonna an. 1778 erst Kollaborator, dann Erzieher und Lehrer am Gymnasium Ernestinum zu Gotha. 1783 wurde er zum Professor der Geschichte, 1816 zum Hofrat und Historiographen des gothaischen Landes ernannt. Er starb am 26. März 1828 in Gotha, mit der Feder in der Hand.

Einleitung

Dieses Büchlein handelt von Katliederblüten. Kathederblüten gibt es nicht. Kein Lied, kein Heldenbuch
zeugt von ihrer stolzen Pracht. Jedwedes Reputierliche, das sich je mit dem Katheder in eine Ehe
einließ, wurde registriert: der Katliederausspruch,
-gelehrte, -held und -philosoph, Katliederscherz,
-sozialist, -sprache, -vortrag und -weisheit, nur nicht
das eine, um das es hier geht: die Katliederblüte. Es
scheint, der Stolz solidarischer Gelehrten ließ es nicht
zu, sie zu entdecken. Also sprechen wir von ihr. Es
füllt eine Lücke, über einen Begriff zu sprechen, den
es für die Wissenschaft noch nicht gibt.

Ernsthafte Männer, durchaus seriöse Köpfe, liebten
sie und hatten an den ungewollten Späßen ihre Freude. Arthur Hübscher, als Herausgeber Schopenhauers
ein Mann von Würde und Gewicht, hielt die Kathederblüten nicht für zu gering, sich ihnen sammelnd
zuzuwenden. Ernst Heimeran, der Liebhaber des
Skurrilen und Verschmitzten, kobolzte mit ihnen
und den Geschwistern Balhorn, Stilblüten und
Druckfehlern ein Ballett »Unfreiwilligen Humors«.
Und Kurt Tucholsky gar wetzte Grimm und Zunge,
um den Reiz der »Gallettiana« zu verkosten (Gruß
nach vorn, hrsg. von Erich Kästner. Berlin 1948,
S. 167 ff.).

An dieser Stelle schon den einführenden Leitfaden
zu einer Monographie der Katliederblüte, ihrer
Zucht, Verbreitung und Bedeutung abzuspulen, wäre

verfrüht. Das gehört weiter nach hinten, zumal uns die Wissenschaft so gänzlich im Stich ließ zu sagen, was eine Kathederblüte ist, ja ihre Existenz überhaupt durch Stillschweigen leugnete. Der Brockhaus kennt sie nicht vor 1955, der Duden erst seit 1961!

Also müssen wir, ehe es zur Theorie der Kathederblüte kommen kann, zuvor die Erfahrung sammeln. Dazu brauchen wir nicht vom Schein und Sein des deutschen Schulmeisters zu sprechen, obwohl er ein Experte ist, das geflügelte Samenkorn blühender Wissenschaft zu verbreiten. Wohl aber müssen wir des Galletti gedenken, des ersten Großzüchters der Kathederblüten.

Hier freilich ist eine Lücke zu schließen, eine beklagenswerte, die nicht dem Mangel an Stoff, sondern dem Übermaß an Hochmut zuzuschreiben ist, welcher die Spezialisten bislang davon abhielt, sie ergreifend zu füllen. Denn Spezialisten sind Leute, die mehr und mehr von immer weniger verstehen und deswegen zum Schluß von allem nichts mehr wissen. Und weil das so ist, erkannten sie weder die Not der Zeichen noch die Zeit der Stunde, die gebieterisch zum schlichten Wandel auf den anschauungsnahen Rieselfeldern des Geistes mahnten. Hier allein wölbt sich der Duft des weiten Horizontes in die lichten Höhen und die hehren Sphären der freien Geisteswelt, während die geschmäcklerische Wähligkeit literaturbeflissener Spezialisten die große Lebenseinheit verfehlt.

»Wenn ein Naturforscher erklärte, er wolle nur mit dem Löwen und Adler, der Eiche und Rose, mit Perlen und Edelsteinen, nicht aber mit widerwärtigen oder häßlichen Gegenständen wie der Spinne, der

Klette, der Schwefelsäure sich beschäftigen, er würde einen Sturm von Heiterkeit entfesseln. In der Philologie sind solche Feinschmecker die Regel, die es unter ihrer Würde finden, ihre kostbare Kraft anderen als dem majestätischen Königsadler und der duftigen Rose zu weihen.«

Zu solch kritischem Urteil über die ästhetischen Wertmaßstäbe der Literaturexperten kam schon 1891 Karl Krumbacher in der Einleitung seiner ›Geschichte der byzantinischen Literatur‹ (Handbuch der Klassischen Altertumswissenschaften. Abt. I, Bd. 9, und Wolfgang Langenbucher, Der aktuelle Unterhaltungsroman. Bonn 1964, S. 12).

Wir wollen es nicht den Spezialisten gleichtun, die immer mehr von immer weniger zu wissen sich rühmen, sondern wir wollen in die Breite gehen und in Kurze Herrn Professor Galletti vorstellen, weil nunmehr der Begründungen genug gegeben wurden und er nicht länger vor der Tür warten soll.

Er liebte die überqueren Sprünge im weitausgreifenden Gedankenfluge. »Das Känguruh springt 32 Fuß weit. Es würde noch viel weiter springen, wenn es vier statt zwei Beine hätte« (579). »Dieses Florentiner Patrizierhaus entartete sichtlich von Generation zu Generation, und schließlich begann die Kinderlosigkeit in der Familie erblich zu werden« (291). Das sind keine Witze: das ist mehr. Das ist nicht Schulallotria, sondern eine ganz neue Blüte am Aste deutscher Literatur.

Galletti ließ aber nicht nur, versunken in den Stoff und dessen Formung, die Gedanken durcheinanderpurzeln, sondern es sind mitunter geradezu nestroyhafte, shakespearische Sätze, gedacht und gesprochen in der Nachdenklichkeit eines Karl Valentin oder Jürgen von Manger. »Die Inseln des Mittelmeeres sind alle größer oder kleiner als Sizilien« (414). Das könnte in der Tat so sein.

Die Geistesweiche führt in die falsche Spur, und der befrachtete Wagen entgleist auf den weichen Randstreifen schizophrener Doppelgleisigkeit. (Warning! Banketter ar blœd!). »Er zog den Säbel und schoß ihn nieder« (341). Das ist nicht Münchhausen, sondern präzise Mitteilung über Mannesmut vor dem Feinde. »Maximilian I. hatte die Hoffnung, den Thron auf seinem Haupte zu sehen« (241). Freilich, warum sollte er sich auch nicht auf die Krone setzen! »Olaf VI. war der Sohn Woldemars II., und alle Olafe hießen Olaf, bis auf den 5ten, welcher Christian hieß« (311). »Der polnische Reichstag verhinderte durch sein Veto die Wahl des Königs, so daß also alle polnischen Könige ohne Veto gewählt wurden« (316). Ja, so war es wirklich, und so steht's mit dem Veto noch heute.

Und abgesehen davon, daß es manchmal etwas wild zugeht: »Nach der Schlacht von Leipzig sah man Pferde, denen drei, vier und noch mehr Beine abgeschossen waren, herrenlos herumlaufen« (253) und »Karl der Große besiegte die Sachsen so oft, daß sie es zuletzt gar nicht abwarteten« (229) – am schönsten strahlt, am herrlichsten leuchtet (für Tucholsky) der Tiefsinn Gallettis dort, wo Lebensweisheit transparent wird. Die Einsicht ist so wahr und entwaffnend: »Der Lehrer hat immer recht, auch wenn er unrecht hat« (628) und »Widersprechen Sie nicht dem, was ich Ihnen niemals gesagt habe« (634). Und wenn die Klasse, betäubt vom Keulenschlag der Autorität und Logik, groggy zu Boden ging, fügte er, fast entschuldigend, hinzu: »Ich bin so müde, daß ein Bein das andere nicht sieht« (702) . . . »künftigen Dienstag ist Äquator« (696).

Und er war wirklich ein Weiser, ein Freund der Weisheit, ein Liebhaber der Sophia – ein Philosoph. »Das Schwein führt seinen Namen mit der Tat, denn es ist ein sehr unreinliches Tier« (573). Das könnte man bei Georg Christoph Lichtenberg (im Fragment von den Schwänzen) lesen.

Maßt sich da einer an zu grinsen, wenn Galletti in Gelassenheit verkündet: »Die Gans ist das dümmste Tier, denn sie frißt nur so lange, wie sie etwas findet« (586)? Wir haben keinen Anlaß, uns vollkommener zu dünken, wenn wir, ein Augurenlächeln in den tränenblinden Augen, hinzufügen, daß ein zur didaktischen Unterweisung künftiger Lehrer bestimmtes Werk ohne zu erröten einen Musteraufsatz mit Paukenschlag beginnen läßt, »Mit Recht wird das Kamel so genannt«. Punkt. (Richard Alschner, Deutsch und Deutschkunde im Rahmen des Sachunterrichts. Teil 3. Bonn 1953, S. 169.) Das ist ein Schuß von hinten durch die Brust ins Auge der deutschen Sprachinstruktoren.

Wer war nun dieser Galletti, dessen Zerstreutheit und Zerfahrenheit so gewaltig gewesen sein müssen, daß sie geradezu typenbildend wirkten?

Anekdoten über zerstreute Gelehrte haben sich ganz gewiß schon die Hosenmätze in den altassyrischen Keilschriftschulen erzählt. Wie könnte es auch anders sein, da die Augen munterer Jugend mehr hören, als es sich die Schulweisen träumen lassen. Aus der hellenistischen Zeit sind jedenfalls Beispiele solch desillusionierender Heroenverehrung genügend bekannt. Häufig sind sie, mit der Würze epigrammatischer Schärfe geladen, seit dem Humanismus verbreitet und füllen, je näher die Neuzeit kommt, Bücher und Bände.

Aber bei Galletti und seinen Purzelbäumen ist es doch etwas anders. Galletti war nicht nur der kritischen Beobachtung seiner jugendlichen Meute ausgesetzt, die die verwirrenden Aussprüche an die Nachwelt weitergab. Das würde noch zum uralten Reizspiel zwischen Pennäler und Magister gehören, in dem sich die unvermeidlichen, aus Lebensalter und Funktion ergebenden Spannungen entladen. Der Typus des zerstreuten Gelehrten erhält vielmehr bei Galletti einen Hintergrund, den man bisher nicht kannte, nämlich der Witz nährt sich aus dem eigenen Fachgebiet, und zwar in solcher Dimensionierung, daß er potenzierter Blödsinn wird. Weil es dergleichen bisher nicht gegeben, wurde es schon zu Gallettis Zeit als unerhörte Neuerung auf dem Gebiete der von dürren Scholarchen beackerten Gefilde erkannt. Es bedürfte nur eines geringen Anstoßes, um die Gewächse dieser Tintengärten nicht nur vor der Vergänglichkeit der mündlichen Überlieferung zu bewahren, sondern auch, um ihnen als literarischen Typus in ein dauerhafteres Leben zu verhelfen. Freilich in keines, das je einer ernsten philologischen Untersuchung für würdig befunden worden wäre. Aber daran ist kein Zweifel: diese Aussprüche bilden einen literarischen Typus ganz und gar eigener Art. Insofern sind sie auch nicht unbedingt an die leibliche Person eines (oder gar ihres) Erzeugers gebunden und erst recht nicht an die Gestalt eines zerfahrenen Schulprofessors. Dergleichen Entgleisungen, Fehlleistungen und Kurzschlüsse des Geistes entstehen allerorten, nur vergehen sie schon kurz nach der Geburt, sofern sie nicht von Honorarsklaven in den Humorwinkeln traulicher Familienblätter beigesetzt oder – wie hier – von anderen alsdann wieder exhumiert werden.

Immerhin verdient es der erste der Kathederblütenzüchter, daß man seiner – zumindest an dieser Stelle – gedenkt. Daß er in die Berufsgruppe der Stubengelehrten, Fachrichtung Schulprofessoren, gehört, ist mittlerweile klargeworden.

Es ist ein schlichtes Leben, ohne gefährdende Erlebnisse oder gar umstürzende Anschauungen, obwohl die Zeiten alles andere als ruhig waren: den 7jährigen Krieg, die Große Revolution, die Napoleonischen Armeen sah Galletti von der Ofenbank aus vorüberbrausen. Aber ob nun die Franzosen ihrem Könige den Kopf herunter- oder die Völker weit hinten in der Türkei nur aufeinanderschlugen, das alles ging ihm – wie dem Bürger gemeinhin – kaum bis unter das Jabot. Allenfalls gruselte es ein wenig. Von sozialen Erschütterungen waren die Residenzstädte eines mitteldeutschen Fürstentumes frei und dementsprechend auch frei von revolutionären Einfällen. Sie blieben in sich versponnen, waren also das rechte Treibhaus für die Blödeleien in den dialogischen Gesprächen Serenissimus/Kindermann und für die monologischen Hybriden des Gelehrtenvortrags. Daß sie sich in der allernächsten zeitlichen und örtlichen Nähe Goethes zutrugen, ja daß sich zur Hochblute der deutschen klassischen Literatur ausgerechnet die Kathederblüte gesellte, ist ungemein pikant und allzu bezeichnend für die Muffeligkeit der bürgerlichen Zopfzeit und ihrer am Busen der klassischen Antike sich nährenden Folgezeit.

Kurzum, es ist ein stilles und zugleich unerhört fleißiges Gelehrtenleben, das Nähr- und Mutterboden der unter dem Namen der Gallettiana ins Leben getretenen und gemeinhin als Kathederblüten bezeichneten Erzeugnisse tiefsinniger Gärtnerei wurde. Im übrigen war es ein Leben, wie es den Schulmeistern jenes Jahrhunderts wohl anstand.

Johann Georg August Galletti wurden also geboren, natürlich. Am 19. August 1750 erblickte er das Licht der Bretter, die für seine Eltern die Welt bedeuteten, und zwar zufällig im thüringischen Altenburg, wohin sich das Ensemble des gothaischen Hoftheaters zu einer sommerlichen Gastspielreise begeben hatte. Zu ihm gehörte der Vater, Giovanni Andrea Galletti, ein aus Toscana gebürtiger Baritonist, der außer einer gefälligen Stimme auch eine vielseitige, unter den italienischen Theaterleuten damals nur selten anzutreffende literarische Bildung besaß, die sich sogar in eigenen Dichtungen und Operntexten kundtat. Gleiches wird von der Mutter Elisabeth gesagt, die ebenfalls dem Ensemble angehörte und sich nachträglich (1754) vom Vater, dem markgräflich badischen Kammerdiener Heugel aus Mannheim, den längst fälligen Segen zum ehelichen Bunde einholte. In einer solcherweise epikureischen, literarisch begeisterten, musisch aufgeschlossenen und kultivierten Umgebung, dazu in naher Berührung mit dem Hofe und den höheren Hofchargen, wuchs Galletti heran, erhielt seinen Unterricht durch einen Hauslehrer (dessen Talentlosigkeit und Beschränktheit gerühmt wird) und machte sich, zumal musizierend, in bereits

frühen Jahren so bemerkbar, daß er – durch gute
Freunde gefördert – mit 18 Jahren ein Stipendium an
der Universität Göttingen erhielt (1768), wo er zunächst Jura studierte, bald aber zu jenen Disziplinen
überwechselte, in denen er sich künftig auszeichnete.
Eine freundschaftliche Bindung an den Historiker
August Ludwig von Schlözer (1735–1809, seit 1767
Professor in Göttingen) erleichterte den Entschluß.
Ein engeres Verhältnis zum gleichaltrigen Hölty
(1748–1776) und dessen Freundeskreis gab dem Studiosus Galletti, bevor der Hainbund (1772) gegründet
wurde, die anregenden Aussprachen über die moderne Dichtung, die ihm – Musensohn in zwiefachem
Sinne – von Hause aus schon vertraut war. Das Studium wird 1772 abgeschlossen, und es wird, wie es
damals üblich ist, eine Stelle als Hauslehrer angenommen, die er sechs Jahre versieht. Offenbar traf er
es bei dem Herrn von Schlotheim, Oberamt
Hauptmann von Gräfentonna, besser, als es von so
manchen anderen Hauslehrern dieses Jahrhunderts zu
hören ist (Lessing, Fichte, Hölderlin). Jedenfalls kam
Galletti in eine gepflegte, geistig interessierte und
bewegte Umgebung, in der ihm auch Zeit zur eigenen Entwicklung und vor allem zur Herausgabe der
ersten Bücher gelassen wurde. Er beginnt mit einer
Geschichte der Herrschaft Tonna (1777), mit einer
lateinischen Grammatik, einer Anweisung zur Geometrie und setzte und druckte diese Schriften eigenhändig – ein Dilettant im Handwerk, wie es dieses
Jahrhundert ebenfalls liebte – in der kleinen Hausdruckerei des Herrn von Schlotheim. Mit den Büchern machte er sich so bekannt, daß er 1778 am
Gymnasium Ernestinum zu Gotha als Kollaborator

angestellt wird. Vierzig Jahre lang wirkte er nun als Erzieher an dieser Schule, überwiegend in den Fächern Geographie und Geschichte; steigt mit den Jahren, aber auch durch die Leistungen als Pädagoge und Schriftsteller langsam auf der Leiter gymnasialer Schulwürden nach oben, er wird (1783) zum Professor der Geschichte ernannt und gar 1816 mit dem Titel eines Hofrates und Historiographen des gothaischen Landes geehrt. Sein Wirken wird so hoch anerkannt, daß ihm das Gehalt weitergewährt wird, als er 1819 altershalber – ausgelaugt von Schülergenerationen – in den Ruhestand tritt. Sein Nachfolger im Amte wurde jener Chr. Ferd. Schultze, dem Schopenhauers besondere Aufmerksamkeit gegolten hatte, woraus wir schließen können, daß Schultze ein würdiger Nachfolger Gallettis war und sich bemühte, hinter dessen achtenswerten Leistungen nicht zurückzustehen. Frei vom Schuldienst, mit unerhört regem Geiste, kann sich Galletti die letzten Jahre ganz der geographischen und historischen Fachliteratur zuwenden und die Reihe seiner Bücher vermehren. Am 26. März 1828 stirbt Galletti gefaßt und ergeben an der Wassersucht, 78 Jahre alt, nachdem ihm ein erfülltes Leben geschenkt worden war – mit der Feder in der Hand, wie es in einem Nachrufe wehmütig heißt.

Darin sind sich die frühen Biographen in ihren Würdigungen einig, daß Galletti ein vornehmer, lebenslustiger und heiterer Charakter war, der mit aller Welt in Eintracht lebte und, mit den Schülern in einem achtenswerten Verhältnis stehend, auch allgemein trotz der wenigen Mängel und Schwächen seiner Natur weithin geschätzt wurde. An Gallettis italienische Abkunft erinnerten die dunklen Augen und Haare und die ebenfalls dunkle Gesichtsfarbe. Er war keine imposante Erscheinung, eher klein als mittelgroß, auf einem Beine hinkend, so daß er sich bei den Schülern mehr durch Wissen und Persönlichkeit als durch das Gewicht seiner Körpermasse durchzusetzen hatte. Ein hoher Grad von Gutmütigkeit sprach ihm aus den Augen und erleichterte ihm den Umgang mit der Jugend, bewirkte freilich auch, daß sie sich bei zunehmendem Alter Gallettis mitunter zu Ausbrüchen des Übermutes und Mutwillens hinreißen ließ.

Wie sich die Schule zu Gallettis Zeit in den Augen der Schüler spiegelte, läßt sich den gelegentlichen Äußerungen kundiger Literaten und kompetenter Pessimisten entnehmen. Es war zum Sterben langweilig. So heiter, wie es Ernst Eckstein in ›Der Besuch im Karzer‹, Hans Reimann im ›Paukerbuch‹, Heinrich Spoerl in der ›Feuerzangenbowle‹ und Ernst Heimeran (Lehrer, die wir hatten. München 1953/63) darstellt, ging es niemals zu – es wäre denn keine ehrenfeste deutsche Schule gewesen, deren massige Festungsbauten so bestrickend denen der preußischen Kasernen glichen. Es hat sich freilich viel gewandelt. Die 15 Schulgeschichten von Thomas Mann bis Heinrich Böll, die Martin Gregor-Dellin zusammentrug und mit einem klugen Nachwort begleitete (Vor dem Leben. München 1965), könnten den Abstand beweisen.

Andere haben anders empfunden und blieben ein Leben lang allergisch. Man schlage nur nach in den ›Buddenbrooks‹, 11. Teil, darin die ganze deutsche Schule (von damals) eingefangen ist. So war es auch bei Galletti, unter dessen Bakel während der 40jährigen Amtszeit viele standen, die sich später einen Namen machten, ohne deswegen ihrer Schule ein besonders herzliches Gedenken zu bewahren. Im Jahre 1807 gehörte der 19jährige Schopenhauer zu den Schülern des Ernestinum – aber nur ein halbes Jahr lang, denn seine scharfe Zunge hatte in einem Spottgedicht die Achillesferse des Gymnasiallehrers Christian Ferdinand Schultze geritzt und gebeutelt, so daß sie beide gemeinsam in den sauren Apfel beißen mußten: Schopenhauer durfte gehen und Chr. F. Schultze mußte bleiben. (Der junge Schopenhauer, Aphorismen und Tagebuchblätter, hrsg. von Arthur Hübscher. München 1938, S. XXIII.)

Bei Galletti ging es nun doch etwas anders zu. Wohl machte er sich durch jene Eigenschaft gedankenverlorener Rede zur Zielscheibe jugendlichen Überschwanges, aber selbst die ärgsten Ruhestörer zwang er noch, mit dem Klamauk aufzuhören. Weil sie lachen mußten. Hier schlug ein weiser Mann Kobolz. Denn aus der tollsten Narretei leuchtet ab und zu noch etwas wie ein tieferer Sinn.

Manches von dem, was als Galletti-Ausspruch geht, mag ihm nachträglich zugeschrieben worden sein, weil die zahllosen Waisenkinder einen Vater haben sollten. Die Schulatmosphäre wirkt auf die Entstehung solcher Wippchen ja ungemein anregend, ja fortzeugend. Wahrscheinlich ist, daß die Mehrzahl der Aussprüche – die hier geboten wird – aus Gallettis Munde stammt. Galletti muß eine – von ihm sicher nicht erstrebte – Meisterschaft gehabt haben, verblüffende Wendungen und Kreuzungen zu finden, denn bereits die allerfrühesten Biographen erwähnen diese Eigenart seines Geistes ausdrücklich und ausführlich, dazu mit dem begütigenden Nachsatz, daß er solch immense Zerstreutheit des Geistes mit manchen anderen Gelehrten gemein hatte. Als besonders auffällig galt ihnen, daß Galletti bei seinem für die historischen Gegenstände ungemein treuen Gedächtnis die Namen mancher seiner Schüler durchaus nicht behalten konnte und durch die wunderlichsten Verwechslungen Anlaß zu steter Erheiterung gab. In einer seiner Klassen saßen einst ein Schüler namens Bertram zusammen mit Brehm (demselben, der sich nachmals als Naturforscher auszeichnete und Vater des noch bekannteren »großen Brehm« war). Brehms Namen konnte sich Galletti durchaus nicht merken. Er sagte deswegen zu ihm: »Ich will Sie Bertram I. und den wahren Bertram Bertram II. nennen. Ist die Frage, die ich stelle, schwer, so antwortet Bertram I., ist sie leicht, soll Bertram II. sprechen.«

Dergleichen Mängel wurden bedeckt durch den Adel seines Geistes und seines Herzens. Zahlreich sind die Erinnerungen daran, wie er – bei aller vermeintlichen Strenge – selbst den ärgsten Missetätern vergab und ihnen niemals etwas nachtrug. So wurde er, obwohl er jahrelang die Zielscheibe des Schülerspottes war, unangreifbar, und die Güte seines Herzens beschämte selbst die ärgsten Possenreißer, ja man wurde mit den Jahren immer nachsichtiger mit ihm, dessen Tugenden und wissenschaftliche Leistungen so unbestritten waren. In den literarisch und musisch wirkenden Familien Gothas war er als liebenswürdiger Unterhalter und dank der von den Eltern überkommenen Begabung auch als musizierender Gast gern gesehen. Man muß sich Galletti schon als einen der regen Besucher jener gesellschaftlichen Salons vorstellen, wie sie das beginnende 19. Jahrhundert als Pflegestätte aller kulturellen Gespräche liebte. Trotz aller Zerfahrenheit war er nicht lebensfremd. Er wagte häufige und weite Reisen, die ihn bis nach Paris und Italien führten. Sie gaben ihm Welterfahrung und Weltkenntnis und auch die entsprechende Stellung in der gothaischen Gesellschaft. Die Bücher, die er über die Reiseeindrücke schrieb, wurden gern gelesen.

Galletti war keineswegs so unbedeutend, wie es diejenigen meinen möchten, die seinen Namen noch nie hörten oder nur von seinen Sprüchen wissen. Galletti war nicht nur ein fleißiger Schulmeister von hohen Graden, sondern auch ein unermüdlich tätiger Publizist, ein belesener Geograph und ein gründlicher Historiograph, der im besonderen manches zur Aufhellung der thüringischen Geschichte geleistet hat, was heute noch – als Quellensammlung – von Wert ist. Das alles muß anerkannt werden und gilt viel, selbst wenn keines seiner Bücher mehr hervorgeholt wird. Obwohl sie starken Anklang fanden, vermißte man schon damals in ihnen die erforderliche Bestimmtheit und logische Anordnung und bemängelte die ermüdende Weitschweifigkeit, die für die Bedürfnisse und Anforderungen selbst der damaligen Zeit übertrieben zu sein schien, erkannte aber an, daß sie eine Fundgrube für weitere historische und geographische Studien sind. Deswegen rühmt man ihn als Nestor der deutschen Geschichtsschreibung (Neuer Nekrolog der Deutschen, 6. Jg., Teil 1. Ilmenau 1830, S. 224 und 228) und als Begründer der wissenschaftlichen Geographie (Ersch-Gruber, Allgemeine Encyclopaedie der Wissenschaften und Künste. 53. Teil. Leipzig 1851, S. 45). Solch ein Urteil greift sicher zu weit aus, aber etwas ist daran. Zumindest sind Zahl und Umfang seiner Veröffentlichungen selbst für ein Gelehrtenleben jener Zeit erstaunlich, auch wenn man nur ihren kompilatorischen Eifer gelten läßt. Johann Georg Meusel gibt in mehreren Jahrgängen des ›Gelehrten Teutschland‹ eine Bibliographie der Gallettischriften, und zwar in Bd. 2 (Lemgo 1796), S. 479; Bd. 9 (1801), S. 400; Bd. 11 (1805), S. 253; Bd. 13 (1808), S. 437; Bd. 17 (1820), S. 662; Bd. 22 (1831), S. 286 von Teil 2. Etwa 40 Bücher erschienen mit Gallettis Namen, von denen einige vielbändige Werke sind. Die ›Kleine Weltgeschichte‹ allein zählt deren 27! Er schrieb eine ›Geschichte Thüringens‹ mit 6 Bänden (Gotha 1782/85); eine ›Geschichte Deutschlands‹ mit 10 Teilen (Halle 1787/96); eine Geschichte von Spanien und Portugal (Erfurt 1809/10), von Griechenland (Gotha 1826), des türkischen Reiches (Gotha 1801), von Persien (Gotha 1832), des österreichischen Kaisertums (Gotha 1832), von Rußland (Gotha 1827/28), des osmanischen Reiches (Gotha 1826). In den ›Tagebüchern‹ 1844 (hrsg. von R. M. Werner, Bd. 2, Berlin 1913) (Rom, 5. November 1844, Nr. 3262) erinnert sich Hebbel noch anderthalb Jahrzehnte nach Gallettis Tod seiner ›Geschichte des 30jährigen Krieges‹ und erwähnt ihn neben Raumer. Das zeigt, wie er doch über seine Zeit hinaus wirkte. Zumal seine Lehrbücher der Geschichte und Erdkunde hatten – als die besten ihrer Zeit – viele (bis zu 12) Auflagen. Sie erschienen zum Teil noch 30 Jahre über seinen Tod hinaus, so zum Beispiel die ›Allgemeine Weltkunde oder Encyclopaedie für Geographie, Statistik und Staatengeschichte mittelst einer geographisch-statistisch-historischen Übersicht aller Länder, hinsichtlich ihrer Lage, Größe, Bevölkerung, Kultur usw. und einer Skizze der älteren und neueren Geschichte. 12., durchaus umgearbeitete Ausgabe, Wien 1859‹. Und nebenher arbeitete Galletti noch an Ersch-Grubers Encyclopaedie und als Rezensent für wissenschaftliche Zeitschriften. Kein Zweifel, er war – in seiner Art – schon eine Persönlichkeit, die etwas zu gelten hatte und deren reiche Kenntnis auch die wildesten unter seinen Schülern nicht unbeeinflußt gelassen haben kann.

Wie seine Zeit ihn sah, wissen wir aus gelegentlichen anekdotischen Arabesken, von denen die ausführlichste jene ist, die Galletti mit Schiller verbindet. Einer der Jenenser Stammtischgenossen Schillers von 1791, der Magister und Hauslehrer Ludwig Friedrich Göritz (1764 bis 1823) berichtet von einer Eulenspiegelei dieses heitergestimmten Kreises, der die beiden, den Dichter und den Professor, aufeinander bringen wollte. Durch allen Scherz hindurch blinkt noch etwas vom Wesen Gallettis.

»Um Schiller, dem wir nicht so gut beikonnten als er uns, einen Streich zu spielen, benutzten wir einige seiner Äußerungen über die Art, wie Galletti in Gotha die Geschichte behandelte. Er erklärte ihn für den langweiligsten und geistlosesten Historiker, der je gelebt habe. Wir erkundigten uns genau, ob er je an Galletti geschrieben habe oder dieser an ihn, ob er also seine Hand kenne. Als wir überzeugt waren, daß er in gar keiner Verbindung mit ihm stehe, verfaßten wir einen Brief von Galletti an Schiller, des Inhalts: er

habe den ersten Teil seiner Geschichte des Dreißig-
jährigen Kriegs und auch die Geschichte des Abfalls
der vereinigten Niederlande gelesen und finde, daß
seine Sprache ziemlich gebildet sei und daß er eine
lebhafte Phantasie habe; nur seien die Fakta alle falsch
und unhistorisch vorgetragen, weil es scheine, als
fehle es ihm an gründlicher Kenntnis der Geschichte.
Diese besitze er, Galletti, im höchsten Grade; er mache
ihm also den Vorschlag, die Geschichte gemein-
schaftlich zu bearbeiten, wozu er, Galletti, die Rich-
tigkeit der historischen Faktorum, Schiller aber Sprache und Phantasie geben sollte. So würden Verstand
und Phantasie in schönem Bunde etwas liefern, was
Anspruch auf Vollkommenheit machen könnte. –
Dies alles war in die feinsten Wendungen, die wir
finden konnten, und in die urbanste Sprache einge-
kleidet, und Schiller erhielt diesen Brief gestempelt
von der Post. Mit der Arglosigkeit eines Kindes kam er
zu Tische und erzählte: »Denken Sie nur, was der ver-
fluchte Kerl (ein Lieblingsausdruck Schillers), der
Galletti, mir schreibt« usw. Besonders ärgerte ihn der
schöne Bund des Verstandes und der Phantasie. Er
hieß Galletti einen Esel, der nie gewußt und nie eine
Ahnung von dem gehabt habe, was Geschichte sei.
Aber daß dieser Brief unterschoben sein könnte, das
fiel dem arglosen Manne gar nicht einmal ein; hätte
er den geringsten Argwohn gehabt, so hätte er auf
unseren Gesichtern das unterdrückte Lachen lesen
können; aber er sprach noch öfter davon, und endlich
erklärte er, er wolle ihm antworten. Unsere Absicht
war also vollkommen erreicht, nur fehlte uns der
Triumph, ihn auslachen zu können. Daß kein Brief
an Galletti zur Post gegeben werden konnte, ohne in

unsere Hände zu kommen, dafür war gesorgt; wir sahen alle Adressen, da sein Bedienter auch uns bediente. Da wir nun durch diese erste List unsere Absicht nur halb erreicht hatten, weil zu unserer vollständigen Befriedigung noch gehört hätte, daß Schiller dem Galletti antwortete, so dachten wir auf etwas anderes . . .« (Morgenblatt 1838, Nr. 221; übernommen von Julius Petersen in ›Schillers Gespräche. Berichte seiner Zeitgenossen über ihn‹. Leipzig 1911, S. 179 ff.).

Indessen erwuchs Gallettis Nachruhm auf einem ganz anderen Felde seiner ausgedehnten pädagogischen Bemühungen, als er es sich wohl erhofft hatte. Seine Schwäche wurde seine Größe. Seine Bücher liest niemand mehr, seine Aussprüche aber leben fort. Die frühen Sammlungen, die als einziges die Erinnerung an ihn wachhalten, sind freilich nicht aus Böswilligkeit zustande gekommen. Im Gegenteil, man achtete, indem man diese – fast einmalige – Seite seines Wesens nicht nachsichtig unterdrückte, den ganzen Galletti in seiner unnachahmlichen Einmaligkeit.

Da Gallettis Eigenart, durch Kreuzung von Begriffen und Sachverhalten den letzten Rest von Klarheit vollends zu beseitigen, bereits in den frühesten Nachrufen erwähnt wird (so im Neuen Nekrolog, bei Ersch-Gruber und sogar in der Allgemeinen deutschen Biographie, Bd. 8 [Leipzig 1878], S. 333), ist daraus zu schließen, daß seine Aussprüche schon zu Lebzeiten respektiert und ästimiert wurden. Handschriftliche Sammlungen, über deren Verbleib heute nichts mehr zu erfahren ist, werden öfters erwähnt. Parthey kannte deren mehrere und benutzte sie bei seiner Ausgabe der Gallettiana. Hünerberg spricht ebenfalls von einer Handschrift. Auch mir liegt ein aus Gotha stammendes älteres Blatt vor. Wie Parthey zu entnehmen ist, müssen sich Anekdotensammlungen und Zeitschriften schon sehr früh – mit oder ohne Nennung Gallettis – über eine so willkommene Beute hergemacht haben, die alsdann durch Einsendungen aus dem Leserkreis noch vermehrt wurde. Durch Druckfehler und unbemerkte Stilentgleisungen auf eigenem Boden gewitzigt und darum zu schadenfreudiger Affinität geneigt, sind Zeitschriften überhaupt das rechte Asyl zur Aufnahme solcher aus krausem Geist und Stoff gezeugten Wechselbälge. Eine jüngere (freilich nicht Premieren-) Sammlung findet sich in Velhagen & Klasings Monatsheften (1952, Heft 6), die jüngste, eine Anleihe von acht Aussprüchen aus den Gallettiana von 1876, steht bei Joachim G. Leithäuser (Goldene Worte des Unsinns. Stilblüten beim Denken, Reden und Schreiben. Berlin 1964). Das älteste Heimatquartier eines erwiesenermaßen echten Gallettispruches (Nr. 705. Ettinger war der Gothaer Verleger Gallettis) fand C. G. von Maassen (Münchner Neueste Nachrichten, 27. Juli 1930) in einem Anekdotenbuch von 1788.

Die erste gedruckte Sammlung mit 217 Galletti-Aussprüchen soll Anfang der 30er Jahre, also kurz nach dem Tode Gallettis, als ein (heute sehr seltener oder gar schon verschollener) Einblattdruck erschienen sein. Charles Hünerberg (Der Vater der Katheaderblüte. Humor der Wissenschaft. Hamburg 1930) behauptet, das Blatt, das keinen Verfasser oder Verleger nannte, aufgefunden zu haben; doch muß, solange es nicht glaubwürdiger belegt ist, mit gutem Grunde angenommen werden, daß Hünerberg bei seiner anerkannt »unkritischen Art« (Hübscher S. 21) einem

Irrtum erlegen ist. Die bei Hübscher (S. 18) und Heimeran (S. 37) geschehene Erwähnung des gleichen Druckes gründet sich nicht auf eigene Kenntnis, sondern geht unbestreitbar auf Hünerbergs Behauptung zurück und ist dementsprechend zu bewerten. Eigenartig ist jedenfalls, daß Hünerberg zu dem angeblichen Einblattdruck ein Motto und ein herausgeberisches Vorwort mitteilt, die sich beide an einem Orte befinden, den er nicht als Quelle seiner (auszugsweise verfahrenden) Galletti-Ausgabe nennt. Beide Texte gleichen einander wie ein Ei des Kolumbus dem andern. Hierauf soll im Zusammenhang mit einigen weiteren Bemerkungen zu seiner Gallettiana-Ausgabe noch eingegangen werden.

Der früheste uns bekannte Druck der Gallettischen Spruchweisheiten erschien Berlin 1866 unter dem Titel ›Gallettiana. 1750–1828. Ergötzlich und nachdenklich zu lesen.‹ Der Herausgeber gab sich nur mit G. P. zu erkennen. Die Ausgabe enthielt (einschließlich dem Motto auf der Titelseite) 401 Galletti-Aussprüche. Diese Oktavausgabe war »als Manuskript gedruckt« und dementsprechend nicht für den Handel, sondern für den Freundeskreis des ungenannt gebliebenen Herausgebers bestimmt. Das Bändchen brachte ihm einen angenehmen Erfolg, und zwar, wie wir wissen, besonders bei den beiden führenden Germanisten dieser Zeit. Schon wenige Wochen nach dem Erscheinen, am 30. April 1866, schreibt Wilhelm Scherer aus Wien an Karl Müllenhoff: »Die Gallettiana haben allenthalben so großes furore erregt, daß mir mein Exemplar sofort geraubt wurde und ich mich nur ärgere, nicht mehr geheim damit getan zu haben.« (Briefwechsel zwischen Karl

Müllenhoff und Wilhelm Scherer, hrsg. von Albert Leitzmann. Berlin 1937, S. 153 ff.). Müllenhoff, in Berlin ansässig, kannte den Herausgeber und Verleger. In der Antwort vom 20. Mai 1866 entschlüsselt er die Initialen: »Über den Erfolg der Gallettiana in Wien war Parthey sehr froh . . .« (S. 157).

Gustav Parthey (1798–1872) also, ein Enkel des Aufklärers Nicolai und seit 1825 Inhaber der Nicolaischen Buchhandlung in Berlin, war der Herausgeber der Schnurrpfeifereien. Als gründlicher Kenner der klassischen und ägyptischen Archäologie sehr geschätzt und mit den führenden Wissenschaftlern vieler Disziplinen in engem Verkehr, hatte Parthey einen wachen Sinn für die skurrile Hintergründigkeit der Gallettiana und freute sich – wie wir es von unseren Lesern erhoffen – des ungewollten Humors in ihnen. Und das allein mag ihn veranlaßt haben, aus Liebhaberei die verstreuten Dicta zusammenzutragen. Einiges war inzwischen bis in die Zeitschriften vorgedrungen. Das meiste holte er sich aus mehreren unabhängig voneinander geführten Aufzeichnungen, sichtete die umlaufenden Aussprüche, schied vieles aus und behielt jene 401 Nummern, die den ersten Druck füllen und von denen er erwartete, daß sie den Liebhabern des höheren Blödsinns willkommen seien.

Es folgt sodann im nächsten Jahr (1867) der für Hübscher und Heimeran unbekannte erste öffentliche Druck der Gallettiana unter Angabe des Ortes (Berlin) und des Nicolaischen Verlages (Effert & Lindtner). Gegenüber dem Drucke aus dem Vorjahr war er um 15 Aussprüche erweitert, zählte also 415 + Motto = 416. Ferner brachte er das Bildnis

Gallettis, einen Kupferstich von F. W. Bollinger (1777–1825), der bereits dem 67. Bande der Neuen allgemeinen deutschen Bibliothek (1801) vorangestellt gewesen war. Als Herausgeber des unverändert übernommenen Vorwortes zeichnete wiederum G. P. = Gustav Parthey.

Und 1876 erscheint mit der nicht ganz zutreffenden Angabe »Zweite Auflage« ein Neudruck der Ausgabe von 1867, der sich nur durch unbedeutende Änderungen im Linienwerk von jener unterscheidet. Im übrigen handelt es sich um einen Druck vom stehenden Satz.

1909 bringt der Gothaer Verleger Paul Hartung »vielfachen Anregungen zufolge« die von Parthey zusammengebrachte, inzwischen nachdruckfrei gewordene Sammlung mit nur geringfügigen gruppenweisen Umstellungen heraus. (Gallettiana. Unfreiwillige Komik in Aussprüchen des Professors am Gymnasium zu Gotha Joh. G. Aug. Galletti. Mit einem [dem Bollinger-]Bilde Gallettis.)

Es folgt Charles Hünerberg. Zu seiner Ausgabe von 251 Gallettiana ist einiges zu sagen: Hünerberg nennt als Quelle seiner Sammlung den dubiosen Einblattdruck, eine Schülerhandschrift mit 58 Aussprüchen und – ganz vage – eine weitere Aufzeichnung mit 207 Aussprüchen, aber keinen der bisher erschienenen Drucke. Das ist befremdlich, denn er muß die Ausgabe von 1867/76 benutzt haben. Das von ihm erwähnte Motto und Vorwort des Einblattdruckes findet sich nämlich in den »Gallettiana« von 1866, 1867 und 1876. Von ihnen scheidet der Druck von 1866 aus, weil Hünerbergs Sammlung 9 Nummern enthält, die erst in der erweiterten Ausgabe von 1867 erscheinen. Diese Ausgabe (beziehungsweise die Stereotypausgabe von 1876) hat er aber bestimmt gekannt, denn bei einigen weiteren Nummern übernahm er ihre offensichtlichen Druckfehler. Dies spricht nicht dafür, daß er etwa eine mit Parthey gemeinsame handschriftliche Quelle benutzte, wie es Hübscher mit philologischem Ehrgeiz vermutet, sondern daß er den Parthey-Druck selbst ausschrieb.

Eine schriftliche Weitergabe mancher Galletti-Aussprüche wird bekanntlich auch von Parthey erwähnt. Aber um der Hypothese Hübschers Schlüssigkeit zu geben, müßte vorausgesetzt werden, daß Hünerberg 6 Jahrzehnte nach Parthey auf die gleichen Schüleraufzeichnungen gestoßen ist, wie sie jenem zur Verfügung standen, und daß die Aufzeichnungen 215 mit Parthey eben bis in die Druckfehler identische Aussprüche enthalten hätten. Und das ist nicht wahrscheinlich. Ich glaube, der Fall ist klar, und alle philologischen Überlegungen, ob für Parthey und Hünerberg die gleiche (uns unbekannte) Hauptquelle anzusetzen ist, erübrigen sich.

Außer dem Einblattdruck nennt Hünerberg als weitere Quelle seiner Ausgabe eine Schülerhandschrift mit 58 Aussprüchen Gallettis, die er aus dem »Nachlaß des Schillerforschers Arnold Schloenbach (Coburg 1860)« erworben hatte und die »wohl dem Vater Schloenbachs gehört haben mag, der das Gymnasium in Gotha besuchte«. Auch das ist nicht so eben, wie es klingt.

Zunächst trägt – nach Hünerbergs Angabe (S. 8) – diese Handschrift einen Empfehlungssatz, der gleichfalls dem Druck von 1866 vorangestellt ist. Die Vermutung liegt nahe, daß dort die 58 Aussprüche abgeschrieben wurden, und zwar von Schloenbach selbst, weil die einige Monate vor seinem Tode (Coburg, 17. 9. 1866) erschienene Ausgabe in einer nur geringen Auflage verbreitet war und das Heftchen von Hand zu Hand weitergereicht wurde. Bei Karl Arnold Schloenbach (geb. 31. August 1807 in Wissen an der Sieg) dürfen wir für diese Galletti-Scherze ein ungleich größeres Verständnis annehmen als bei seinem Vater, der übrigens nicht in Gotha zur Schule gegangen ist. Außerdem war Karl Arnold Schloenbach, der selbst bei reichlichem Wohlwollen und entgegen der Hünerbergschen Behauptung wirklich nicht als »Schillerforscher« bezeichnet werden kann, ehemaliger Schauspieler, sodann Hauslehrer und heldisch-gemütvoller Schriftsteller. Die an Hünerberg gekommene Handschrift Schloenbachs wurde entweder für das »Repertoire« dieses Musenkärrners angelegt oder sie wurde, was wahrscheinlicher ist, bei einem der Schloenbachschen Internatsschüler konfisziert. Sie erhält jedenfalls mit der Feststellung, daß es sich bei ihr um eine auszugsweise Abschrift aus dem Drucke von 1866 handeln muß, die ihr zukommende Bewertung.

Noch eine letzte Bemerkung zu Hünerbergs Teilausgabe kann nicht ausgelassen werden. Von den dort aufgeführten 251 Dicta können (über Parthey) 215 als »Gallettiana« bezeichnet werden. Die restlichen 36 Aussprüche sind – ungeachtet der von Hünerberg behaupteten Herkunft aus Einblattdruck, Schloenbach-Handschrift und einer weiteren unbestimmt angedeuteten Aufzeichnung mit 207 Aussprüchen – ganz gewiß keine »echten Gallettiana« – wenn wir an solche Nichtigkeiten schon den Maßstab historischer Verläßlichkeit legen wollen. Es ist doch klar, daß zu Gallettis Lebzeiten von einer Abschaffung des Latinums in der Reifeprüfung nicht gesprochen wurde. Dieser Scherz (Nr. 667) muß aus neuester Zeit stammen. Der Demosthenes-Scherz (Nr. 132) gehört in die Requisitenkammer eines Provinzkonferenciers. Der Scherz mit der Jungfrau (Nr. 609, bei Hünerberg wird der gravierende Umstand einer Antigone nachgesagt) ist für die Galletti-Zeit unmöglich. Wer nur einiges Zeitgefühl hat, wird die echten und die unechten Dicta bei Hünerberg an dem ganz anderen Tonfall und an den stofflichen Imponderabilien unterscheiden können. Daß Hünerberg den Scherz mit dem Schillerschädel (Nr. 612) als Gallettischen Ursprungs ausgibt, ist in sich ein Scherz. Zur Zeit Gallettis wußte man nichts von zwei Schillerschädeln. Der erste Schädel wurde 1826 der Großherzoglichen Bibliothek zur Aufbewahrung übergeben. Hermann Welcker bewies 1883, daß dieser Schädel nicht von Schiller stammen könne. Der zweite Schädel Schillers — und dies ist ja der sachliche und logische Ansatzpunkt der Kathederblüte — wurde erst gelegentlich einer 1911 ausgeführten Grabung durch August von Froriep unter 64 weiteren Schädeln ausgewählt (und gibt auch heute noch Anlaß zu neuen Überlegungen, so bei Fritz Hildebrandt, Die zwei Schillerschädel zu Weimar im Urteil neuer Forschungen. Berlin 1950). Mit hoher Wahrscheinlichkeit hat Schiller zumindest einen Kopf gehabt, denn Ernst Hauswedell (Hamburg) versteigerte 1957 eine Locke (Schätzpreis 300,– DM).

Das Jahr 1911 ist also das frühest mögliche Datum,

zu dem der Scherz entstehen konnte. Er wird somit Galletti zu Unrecht zugeschrieben. Und so steht es mit der Mehrzahl jener 36 von Hünerberg mitgeteilten Aussprüche, die sich nicht bei Parthey befinden. Aber das macht nichts. Wenn sie gut waren, wurden sie auch in diese Sammlung von Gallettiana übernommen.

Es schließt sich mit einer weiteren Gallettiana-(Teil-) Ausgabe an Ernst Heimeran. In seiner Sammlung ›Unfreiwilliger Humor‹ (1. Aufl. München 1935, 161. Aufl. 1961) nahm er außer dem Bollinger-Stich 57 Gallettiana auf, als deren Quelle er die Ausgaben von 1866/76 nennt.

Als letzter der Gallettiana-Herausgeber erscheint Arthur Hübscher (Der Klassiker der Kathederblüte. Gesammelte Aussprüche J. G. A. Gallettis ergötzlich und nachdenklich zu lesen. 1. Aufl. München 1936, 11. Aufl. 1943 und später). Hübscher vereinigte die von Parthey gesammelten 416 Gallettiana mit den weiteren 35 Pseudo-Gallettiana Hünerbergs und kam somit auf 451 Nummern. Dagegen ist nichts zu sagen. Wohl aber gegen die von ihm gebotene Entwicklung der Gallettiana-Überlieferung, deren Abhängigkeit nunmehr in allen Einzelheiten geklärt ist.

Die hier vorgelegte Sammlung übernimmt die Parthey-Ausgabe 1867/76 mit Ausnahme von 4 Nummern (Parthey 89, 111, 328, 382), die heute ohne eine Erläuterung nicht mehr verständlich sind. Einige andere Aussprüche wurden, sofern sie dem Typus, also dem Geiste entsprachen, aufgenommen, weil sie, sonst allzu flüchtig in ihrem Wesen, kaum das Licht der Druckerschwärze erblickt hätten. Es sind dies 14 aus mündlicher Überlieferung gesammelte Dicta, deren Autoren an einer mir wohlbekannten Anstalt tätig waren. Ferner wurden 11 Aussprüche einem aus Gotha stammenden und auf 1860/70 zu datierenden Manuskripte entnommen, das sich nunmehr bei mir befindet. Die dort zusammengetragenen Aussprüche sind nicht im strengen Sinne Original-Gallettiana, aber sie gehören in den Kreis der älteren Gothaer Schulprofessoren. Aus Hünerberg kommen 33 Pseudo-Gallettiana und aus dem Büchlein Heimerans 11 Kathederaussprüche, die zwar auch nicht von Galletti sind, es aber sehr wohl sein könnten.

Den stärksten Anteil an den Ergänzungen aber hat ein Gothaer Schulmann, der dem älteren Galletti durchaus ebenbürtig war – in der wissenschaftlichen Leistung wie in der Kunst, überraschende Dicta aus dem Born der Wissenschaft zu schöpfen: Karl Joachim Marquardt (1812–1882), seit 1859 Direktor des Gymnasium Ernestinum in Gotha. Man weiß nicht recht, ist es das Klima der damaligen Schulstuben schlechthin gewesen, das solche Blüten hervorbrachte, oder gehört es zur speziellen gothaischen Tradition, auf einen Galletti einen Schultze und dann einen Marquardt folgen zu lassen, in dessen Lateinstunden sich die klassischen Formulierungen gejagt haben müssen. Und dabei kann – wie bei Galletti – kein Zweifel daran sein, daß Marquardt als Wissenschaftler eine erstaunliche Zahl achtunggebietender Werke hervorbrachte. (Sie sind im Gothaer Gymnasialprogramm 1883, S. 17, aufgeführt.) Marquardt, Mitglied zweier Akademien und Dr. jur. h. c., Geheimer Oberschulrat, Direktor der Herzoglichen Sammlungen und der Bibliothek, ist in der einschlägigen biographischen Literatur genügend bekannt, als daß seine philologischen Arbeiten hier noch aufgezählt werden müßten. Im übrigen finden sich genügend bibliographische Hinweise in jenem Drucke, der als Quelle benutzt wurde: ›Marquardtiana, Geistesblitze im Gewande der Komik des Geheimen Oberschulrates Dr. K. Joachim Marquardt, weil. Direktors des Gymnasium Ernestinum zu Gotha . . . Gotha 1909‹. Von den 284 dort zusammengestellten Aussprüchen wurden 251 entnommen. Ausgelassen wurden im wesentlichen jene, die zur volleren Würdigung einige Kenntnisse im Lateinischen voraussetzen.

Die verschiedenen Quellen der Sammlung, die nunmehr auf 732 Kathederblüten gekommen ist, entheben den Herausgeber der Last, mit einem tiefschürfenden Griff die Wahrheit ans Licht zu bringen und festzustellen, inwieweit alle Aussprüche wirklich von Galletti sind. Es genügte ihm zu wissen, daß sie seines Geistes sind und daß die meisten davon unter seinem Namen verbreitet wurden. Es gibt manchen Zeugen, der sich dafür verbürgt, sie mit eigenen Ohren gehört zu haben. Es genügte also, die Atmosphäre schulmeisterlicher Akkuratesse und Noblesse lebendig zu machen, die so häufig von der Jugend mit Unlust ertragen und deren die Älteren mit einem Heimweh nach den zerschnitzten Schulbänken gedenken.

Der Herausgeber hatte auch nicht den Ehrgeiz, in preiswürdigem Eifer Quellenforschung zu treiben (das schiene ihm eine unbillige Zumutung), um festzustellen, in welchem der hundert Bücher Gallettis ein Teil der Wippchen verborgen sein möchte. Wahrscheinlich ist, daß sich die Aussprüche dort nur selten finden lassen, weil ihr Reich in der mündlichen Weitergabe liegt. Es genügte ihm, wenigstens an einem Beispiel belegen zu können, daß sich Galletti auch gedruckte Weisheiten geleistet hat. Der Ausspruch Nr. 367 steht in seiner ›Geschichte des Herzogtums Gotha‹ (1779/80), Teil III, Seite 165. Vermutlich kann man noch mehr dort entdecken, denn Galletti bekennt im Vorwort freimütig: »Ich habe mich bemühet, meine Schreibart so faßlich und fließend zu machen, als es mir möglich war. Doch ich gestehe es gar zu gerne ein, daß ich mich wohl nicht selten besserer und deutlicherer Ausdrücke hätte bedienen können.«

Ist eine Bibliographie nötig? Kaum, denn wer schreibt künftig schon über Galletti, und wer möchte gar noch tiefer in diese Gefilde am Rande philosophischer Zerstreutheit eindringen! Die biographischen Notizen über ihn (im Neuen Nekrolog, bei Ersch-Gruber, in der ADB) sind allesamt voneinander abhängig, bis zum Großen Brockhaus (6. Aufl. 1904, Bd. 7). Sie werden immer wortreicher, aber nicht inhaltsreicher. So ist denn auch zur Sache der Gallettiana bisher nichts Wichtiges gesagt worden. Die geringe Literatur führt nicht weiter, und die gelegentlichen Beiträge sollten eigentlich gar nicht erwähnt werden, die Zeitung ›Der Reichsbote‹ (Berlin, 27. Mai 1930), die Zeitschrift ›Freie Welt‹ (Gablonz, 18. Jg., Heft 41, S. 408), die ›Deutsche Allgemeine Zeitung‹ (Berlin, 6. Januar 1937), die ›Münchner Neuesten Nachrichten‹ vom 4. Juni 1943, die ›Deutsche Universitäts-Zeitung‹ (Göttingen, 4. August 1950, S. 12), die ›Jungenwacht‹, Beiblatt Ritterschaft (Oldenburg i. O., Juni 1951).

Arthur Hübscher hatte die Absicht, eine »historisch-kritische« Ausgabe der Gallettiana vorzubereiten (Münchner Neueste Nachrichten 2. Dezember 1933). Ergiebig wäre das sicher, denn die Galletti-Blüten haben einen gewissen historischen und literarischen Wert, und es ist selbst in solchen Nichtigkeiten unerkannte Weisheit und viel Stoff für einen kulturgeschichtlichen Kommentar zu finden. Aber Erläuterungen jedweder Art verdürben die Wirkung der Sprüche, die ja in ihrem Überfall auf den geraden Sinn des Lesers besteht.

Der Kundige wird bei der Lektüre alsbald zweierlei erkennen, nämlich: in welchen Fächern Galletti überwiegend unterrichtete. Die Mehrzahl seiner Aussprüche bezieht sich auf die europäische Staatengeschichte und die Länderkunde im alten Sinne, also die topographische Geographie und die Kameralwissenschaften. Das ziemlich abgeschlossene Tintengärtlein des griechischen und römischen Altertums dagegen wurde von Marquardt bepflügt.

Ferner wird der Kundige in der Überschneidung der Begriffe, ja überhaupt in der Möglichkeit der jeweiligen Sach- und Sinnverbindungen, den frühen Zustand noch ungegliederter Disziplinen erkennen. Insofern sind diese Kathederblüten »echt« und schon Stoff für eine wissenschaftsgeschichtliche Dissertation, ja bezeichnend für einen bestimmten – etwa anderthalb Jahrhunderte zurückliegenden – Zeitabschnitt des Schulwissens. Auch im Anteilsverhältnis der Stoffgebiete bekunden sich die von der Schule gesetzten Grenzen ihrer damaligen Welt. Alle Nachbildungen und viele der Neubildungen sind darum weit weniger gefällig.

In der Überschneidung der Zeiten liegt somit für den Kundigen ebenfalls ein gewisser Reiz. Da wir aber meist keine Kundigen sind, mögen die Aussprüche durch sich selbst wirken, nämlich als der Bastard aus einer Liaison von zerfließender Gedankenstotterei und konzentrierter Zerfahrenheit, als eine Sammlung doppelbodigen Unsinns, wie er auch heute noch allenthalben gezeugt wird, wenn die Klimabedingungen erfüllt sind. Doch ist es gar nicht so leicht, gedruckte Beispiele aus der jüngsten Tages- und Konsumliteratur beizubringen, weil die Bastarde von den Kontrollorganen nach der Geburt verleugnet oder sogleich umgebracht werden. Nur selten kann sich einer der Geburtenkontrolle entziehen, indem er in den Mundesmund flüchtet. Man schämt sich des Blödsinns. Hier ist er gesammelt und bietet sich als eine durchaus respektable Leistung dar, wenn man allein an die Produktivität des Galletti denkt. Es sind ja nicht anekdotische Erfindungen, sondern es sind durchweg Wahrheiten, weil die Dicta wirklich gefallen sind.

Worin nun eigentlich der Reiz der bei Galletti geblüht habenden Katederweisheiten besteht, ist gar nicht so leicht zu sagen. Es sind nicht einfach Stilentgleisungen. Die wenigsten sind durch eine Mischung von Stilmitteln oder durch eine Überkreuzung bildlicher Ausdrücke entstanden, wie sie für Katachresen bezeichnend sind. Parthey sieht den Reiz darin, daß er mehr durch ein Verdenken als durch ein Versprechen ausgelöst wird. Das stimmt zum Teil und nur dort, wo Fehlschaltungen im Denkprozeß offenkundig sind. Galletti war zweifellos ein Genie darin, Dinge und Tatsachen zu überblenden, die kein Mensch je zusammengestellt hätte, und er tat es mit einer unfehlbaren, geradenwegs auf die verblüffende Pointe lossteuernden Technik. Die Galletti-Weisheiten sind also nicht einfach sinnlose Sätze ohne logischen Zusammenhang. Darauf macht schon Hübscher (S. 16) aufmerksam. »Man fühlt heraus, daß die Gedanken hier schneller vorwärts eilen als die Worte. Allzu heftige Zusammenziehungen, Auslassungen von wichtigen Zwischengliedern oder plötzliche Einschaltungen und Korrekturen schaffen einen merkwürdigen Widerstreit zwischen dem Gedachten und dem Angeschauten, und so entstehen diese seltsamen grotesken Verbindungen von Tatsachen und Begriffen.«

Die Wirkung auf den Hörer (und Leser) ist also sicher mehrfachen Ursprungs: sie liegt in der überraschenden Kreuzung bildlicher Vorstellungen, in der konträr-assoziativen Weichenstellung mit nachfolgender harmloser Entgleisung sowie in dem befreienden, beim Hörer bewirkten Kurzschluß. Die Gewißheit, es besser zu wissen, das Gefühl der geistigen oder doch zumindest formalen Überlegenheit über den ergrauten Schulmeister und erst recht die Schadenfreude: das sind die Elemente in der überraschenden Wirkung solch widersinniger, ja alogischer Sachverbindung der Tatsachen.

Mit dem »nun denn auch« des deutschen Studienrats gesagt: vor allem Schadenfreude ist es. Sie ist verständlich, aber nicht schön. Zerfahrenheit verdient keine Zensur. Ihr Blütenreich ist der luftleere Raum der überhitzten Schulstuben. Solange es die gibt, werden auch die Kathederblüten treiben. Doch die Katheder sollen jetzt seltener werden und auch die verschrullten Schulweisen, deren Tucholsky bissig gedenkt, »sterben jetzt sachte aus; die heutigen sind farbloser«. Es ist also an der Zeit, ihre Gewächse ins Freiland zu bringen, nachdem sie sich im Muff der Schulstuben so prächtig entwickelten.

Sie sind allerdings kein Erzeugnis, das nur dem Schulgeist eigentümlich wäre. Andere Redner überpurzeln sich ebenso häufig, selbst wenn sie die Qualifikation zum Bundestagsabgeordneten haben. Grausige Dinge wurden dort schon gesagt, und das totgeborene Kind, das sich im Sande verlief, als die Väter des Kompromisses wie begossene Pudel an seiner Wiege standen, wurde längst durch Wahrheiten besiegt, die geradezu dem Faß die Krone ins Gesicht schlagen:

»Die heutigen Universitäten wollen wie rohe Eier behandelt werden, und wenn man sie hart anfaßt, stellen sie sich auf die Hinterbeine. Der Europa Rat ist zwar kein Stück Kuchen, sondern nur ein Stück Brot. Aber wenn man Hunger hat, soll man das Brot nicht auf die lange Bank schieben. Solange uns noch die Trümmer wie Eierschalen hinter den Ohren hängen, kommen wir auf keinen grünen Zweig. Man hat das Kind mit dem Bade ausgeschüttet, darum sitzen wir jetzt im Sumpf, und keiner will dafür geradestehen. Wenn alle Stricke reißen, wird unsere Partei wie ein Mann dastehen und dort das Feuer löschen, wo die Dämme gebrochen sind.« (Der Tagesspiegel, Berlin, 23. Juli 1950.)

Freilich, wenn es dem Redner in der Ausdrucksnot zu wohl wird, geht er so lange zum Brunnen, bis er bricht. Man kann nur den Anker der Hoffnung an seinem Grabe aufpflanzen und darauf vertrauen, daß der Zahn der Zeit, der schon so manche Träne trocknete, auch über diese Wunden Gras wachsen läßt.

Denn, so schreibt Gustav Freytag am 10. Juli 1888 an den Dekan der Philosophischen Fakultät der Universität Berlin: »So lange es ein deutsches Volkstum gibt, wird es auch deutsche Professoren geben, Männer, denen . . . ein kleiner Zopf im Nacken hängt, und immer, so vertraue ich, wird (man) mit Neigung und . . . guter Laune auf sie schauen.« (Gustav Freytag und Heinrich Treitschke im Briefwechsel, hrsg. von A. Dove. Leipzig 1900, S. 196.)

Sollte der Leser bei der Durchsicht der Kathederblüten nunmehr eine finden, die versehentlich ausgelassen wurde, so möge er trotzdem das Büchlein weiterempfehlen, denn die Schwierigkeiten, die seinen Absatz befördern, sind groß. So meinte es schon der verehrungswürdige Galletti.

Helmut Minkowski

Johann Georg August Galletti
1750–1828

Iuvenis Humanissimus

Georgus Henricus Guilielmus <u>Werther</u>,

Gothanus,

cum semper sibi constaret in gnavo bonarum litterarum studio, nec unquam a via, qua doctrinae studiosi incedere debent, recederet, evasit iuvenis, qui bene praeparatus ad tractanda studia theologica abire nunc possit in Academiam. Speramus igitur, fore, ut, sicut in Gymnasio nostro, ita in Academia quoque res suas bene et cum laude peragat. Scripsimus in Ill. Gymnasio Gothano a. d. XIII. April. MDCCCXVII.

Fridericus Guilielmus Doering
Gymn. Goth. Director;

Joannes Georgius augustus Galletti, Professor.

Frid. Krieg. Prof.

Christ. Ferdinand Schulze, Prof.
Frid. Lud. Andr. Regel, Prof.
Frid. Aug. Lehret, Prof.
Jul. Chr. Gr. Rost, Collab.
Georg. Schoeler, Collabor.

Abschlußzeugnis mit der Unterschrift Gallettis (7. Zeile v. u.).

Übersetzung: Der feingebildete junge Georg Heinrich Wilhelm Werther aus Gotha entwickelte sich – da er sich immer im bekannten Eifer für die schönen Wissenschaften gleichblieb und niemals von dem Wege abwich, auf dem die der Gelehrsamkeit Beflissenen wandeln sollen – zu einem Jüngling, der wohlvorbereitet zur Aufnahme der theologischen Studien jetzt auf die Universität abgehen konnte. Wir hoffen daher, daß er wie auf unserem Gymnasium so auch auf der Universität seine Sache gut und löblich durchführt. Wir schreiben dies auf dem hochberühmten Gothaischen Gymnasium am 13. April 1817.

Die Welt der Antike

Götter und Helden

1. Die ersten Menschen, die auf dem Lande lebten und keine Wohnung hatten, wurden alle von wilden Tieren aufgefressen.

2. Alle Menschen wurden durch die Flut hingerafft bis auf einen, und das war Deukalion und seine Frau Pyrrha.

3. Ein Gott ist unsterblich und stirbt auch nicht.

4. Die Götter saßen bei den Römern mit zu Tische.

5. Die Götter aßen nämlich Nektar.

6. Keine weibliche Göttin und keine männliche.

7. Da Zeus im Winter nicht blitzt, so braucht er nicht zu blitzen.

8. Jupiter machte dem Prometheus Vorwürfe wegen seiner Gottlosigkeit, darauf sagte der Prometheus: »Hör mal, Jupiter, ich will dir mal was sagen, ich gebe auf Götter ganz und gar nichts!«

9. Diana ist eine alte römische Göttin, die nichts mit der Jagd zu tun hat, auch nicht mit dem Schießen.

10. Wenn die Götter bei den Alten ausgehen wollten, da spannten sie ihren Wagen an.

11. Proserpina ist ein römischer Gott.

12. Wenn man bei ihr einmal drin war, kam man
nicht wieder heraus – aus der Unterwelt.

13. Der Lorbeer ist das Kraut, das dem Apollo heilig
ist.

14. Efeu ist eigentlich nicht Weinlaub, womit sich
Bacchus bekränzt.

15. Faunus war im Altertum eine ziegenfüßige
Person.

16. Der Pegasus ist das schwerste, was man reiten
kann.

17. Der Unterschied zwischen Lapithen und Kentauren ist der, daß die Kentauren vier Beine haben und die Lapithen zwei.

18. Tyndareus hatte gar keinen Vater, denn nicht alle
Menschen haben einen Vater.

19. Daß es in Griechenland vorkam, Helden als
Götter zu verehren, die man dann Heroen
nannte, war in Rom nicht Sitte.

20. Die homerischen Helden setzten sich immer,
wenn's losging.

21. Ajax stellte sich vor den Hektor hin und sprach:
»Na, schieß man los!«

22. Die Griechen sagten: »Laßt sie einander totschlagen, wer übrigbleibt, kriegt die Helena.«

23. Wie der Paris nun tot war – der Paris starb nämlich auch noch.

24. Wenn Odysseus zur Athene gebetet hatte, so erschien sie ihm wirklich und sagte: »Na, was willst du denn eigentlich?«

25. Mopsus wurde nach seinem Tode ein Wahrsager.

26. Der Name Pieria kommt nicht recht vor.

27. Die Juno hatte einen Sturm erregt, um den Aeneas zu verderben; aber das ging doch nicht: denn er wollte doch erst noch der Stifter Roms werden.

28. Der Hellespont ist ein berühmter Ort. Da schwammen mal Hero und Leander herüber – nein, die Hero wenigstens – ich meine den Leander.

29. Bellerophon fiel ins Meer, brach den Hals und ertrank.

30. Medea war eine Zauberin, die ihren Zauber nachts in Töpfen machte.

31. Medea schaffte dem Jason Gelegenheit, den Minotaurus zu töten, nein – es war ein anderer Ochse, der das goldene Vlies brachte.

32. Assyrien ist ein Land, worin die Geschichte anfängt.

33. Die Mauern von Babylon waren so breit, daß vier Wagen übereinander fahren konnten.

34. Semiramis ließ 20 000 schwarze Ochsen kaufen und aus ihnen Elefanten schneiden.

35. Man hat viel darüber gestritten, ob die altägyptische Sphinx ein Weib oder ein Mann gewesen sei. Die Wahrheit liegt hier, wie so oft, in der Mitte.

36. Die orientalischen Könige hatten gewöhnlich nur zwei Kinder, diese machten einander so lange tot, bis nur noch zwei übrig waren, und dann heiratete der Bruder die Schwester.

37. Cyrus, der Begründer des persischen Reiches, hatte 10 000 Sichelwagen und 10 000 Reiter, das können Sie alles auf dieser Karte sehen.

38. Cyrus der Jüngere bekam 401 v. Chr. von Artaxerxes einen Dolch mit dem Stoß und fiel vom Pferde.

39. Darius hatte ein Heer von 500 000 Talern.

40. In der Schlacht bei Marathon, 490 v. Chr., waren 1000 Plataeer, 9000 Athener und 21 000 Griechen.

41. Die Perser bekamen bei Marathon einen solchen Schreck, daß sie ausriefen: »Herr Jesus, da
kommen die Athener!« und stürzten sich ins
Meer.

42. Deiotarus war der Sohn seines Vaters.

43. Leonidas bekam Mysien. Ja, was bekam Leonidas? Ach, der war schon lange tot.

44. Xerxes konnte seine Schiffsbrücke nicht abbre-
chen lassen, weil der Sturm sie vorher zertrüm-
mert hatte.

45. Schon im Altertum hat man mit Kanonen ge-
schossen, nämlich mit großen Bogen.

46. Wenn die alten Spartaner zum männermorden-
den Kampf auszogen, so kräuselten und salbten
sie sich vorher die Locken, nicht so wie der
Schlingel dort, der Vogt, der unfrisiert zur Klas-
senstunde kommt.

47. Die Skythen legten eine Bildsäule von 100 stei-
nernen Personen an.

48. Philipp von Makedonien wurde vor das Gericht
der Argonauten gefordert.

49. Alexander hatte eine Armee von vierzig- bis
fünfzigjährigen Jungen.

50. Wenn die Perser irgend etwas getaugt hätten,
dann hätten sie bei Granikus den Alexander den
Großen bis auf den letzten Mann niedermachen
müssen.

51. Alexander würde noch ganz Asien erobert haben, er wird aber nächstens sterben.

52. Alexander wurde 21 Jahre vor seinem Tode vergiftet.

53. Als Alexander der Große 323 v. Chr. gestorben war, hielt er noch eine große Musterung über seine Armee.

54. Sein Tod wurde von ganz Asien empfunden, aber erst nach seinem Tode.

55. Die makedonische Monarchie fing mit Alexander an und endigte mit Friedrich II.

56. Diogenes hat in einem großen Topfe drin gewohnt, der war sieben Fuß groß. Das ging im Altertum ganz gut.

57. Alle armen Leute in Athen kauften sich einen alten Topf und legten sich hinein.

58. Demetrius war der Sohn seines Vaters und hatte eine Armee von 100 000 Reichstalern.

59. Der lakedämonische General Kleombrotus führte die spanische Armee gegen Böotien.

60. Charilaus wurde sehr jung geboren.

61. Die Wirkung der Sichelwagen bei den Baktrern war so verheerend, daß von den Feinden nicht ein Mann davonkam; daher mußten die übrigen nach der Schlacht um Pardon bitten.

62. Das Ohr des Dionysius ist mehr eine Spielerei als ein Ohr.

63. Die Reste des Kolosses von Rhodos wurden auf 900 Kamele geladen, wovon jedes 200 Pfund trug, das macht also 900 Kamele.

64. Athen ist an dem Satze zugrunde gegangen: »Ordnung muß sein!«

65. Daß einem der Zorn im Magen liegt, ist im Altertum sehr gewöhnlich.

66. Die Griechen brauchten für ihre Zwecke eine gewisse Art Leute, die nicht da waren und die sie sich machten.

67. Die Frauen hatten auch weibliche Sklaven um sich, für die die Herren auch eine besondere Liebe hatten.

68. Das Land in Thessalien bestand aus lauter Gutsbesitzern.

Römische Geschichte

69. Es ist bekannt, daß in Rom ein gewisser Euander gelebt haben soll, aber lange vor Romulus, ehe Rom gegründet war, so ungefähr zur Zeit des Herkules.

70. Als Romulus Rom gründete, liefen lauter Wölfe in der Stadt herum.

71. Varro sagt, Rom ist 754 vor Christi Geburt gegründet.

72. Servius Tullius, der sechste König Roms, kam nach Rom und wurde daselbst, bevor ihn Tarquinius Superbus 535 ermordete, geboren.

73. Die Römer sind mehrmals nach den Zinninseln gefahren und haben sie geholt.

74. Die Römer trugen Panzer von Schuhsohlen. Da ging auch was durch.

75. Panzer ist ein Stück Holz und Leder mit einem Blech darum. Und wenn man dann ein Schwert hatte, konnte man damit durchstechen oder schießen – ich meine einen Speer.

76. Die Soldaten des Regulus streckten die Waffen und sagten Pardon.

77. In der Schlacht bei Cannae, 216 v. Chr., waren die Römer 30 000 Mann stark. Davon wurden 20 000 gefangen, 40 000 blieben und 120 000 entkamen.

78. Die römische Kriegsstärke bestand in Friedenszeiten aus 300 Legionen, die im Kriege auf 500 vermindert wurden.

79. Gracchus tat dies in der Absicht, die freien Bürger Roms zu befreien.

80. Es ist dies eine häufige Erscheinung in der römischen Geschichte, die aber nicht oft vorkommt.

81. Wenn die Sklaven im Sklavenkrieg gute Waffen gehabt hätten und mit diesen gegen die Freien gezogen wären, hätten sie ganz Italien totgeschlagen.

82. Mancippa fuhr im Lande umher und steckte mit Brand und Mord die Dörfer an.

83. Nachdem Sertorius zwei Schlachten erobert hatte, ließ er sich von elf befestigten Städten einnehmen.

84. Quintus hatte 10 000 Reiter, das können Sie auf dieser Karte sehen.

85. Aus den armen Bauern entstand die katilinarische Verschwörung.

86. Die Haupttat Ciceros ist die katilinarische Verschwörung.

87. Die Revolution des Katilina bestand darin, daß er Schulden hatte.

88. Cäsar hatte bei dem Übergang über den Rubikon eine Flotte von elf Legionen.

89. Wäre Cäsar nicht über den Rubikon gegangen, so läßt sich gar nicht absehen, wohin er noch gekommen wäre.

90. Cäsar führte den gallischen Krieg, um seine Schulden zu bezahlen.

91. Brutus und Cassius ermordeten den Cäsar auf eine seiner Gesundheit höchst nachteilige Weise.

92. Als nun Cäsar in den letzten – als er nun so in den letzten – ja, als er nun so in den letzten – ja, da starb er.

93. Als Cäsars Schwestersohn konnte Octavianus gegen Cäsar keine weiteren Familienrücksichten beobachten.

94. Seinen Bruder, den er hatte töten lassen, ächtete er endlich.

95. Verres schmückte sein Haus mit lauter Diebstählen.

96. Verres machte, daß er sich aus dem Staube machte, oder lief weg.

97. Sextus Pompejus hatte eine Armee von 2000 Schafen und eine Flotte von 400 Mann, als er es wagte, dem Odoaker die Spitze zu bieten.

98. Varus war der einzige römische Feldherr, dem es gelang, von den Deutschen besiegt zu werden.

99. O Vare, Vare, redde mihi meine legiones!

100. Gallus, der Freund des Ovid und Vergil, wurde in Gegenwart des Volkes ermordet, und dasselbe Schicksal hatte er noch einmal durch die Hand eines Meuchelmörders.

101. Dem Vergil passierte auf seiner Rückreise von Griechenland ein Malheur, nämlich, daß er starb.

102. Die römischen Kaiser waren schon zur Zeit der Republik bemüht, Rom mit einem gesunden Trinkwasser zu versehen.

103. Germanicus war, wie wir gesehen haben, am Anfang dieses Buches gestorben.

104. Der Kaiser Tiberius machte also wieder sein berühmtes Gesicht, das heißt: er sah nach gar nichts aus.

105. Tiberius schickte also schleunigst ein Staatsschiff ab, das brachte den armen Menschen um.

106. Die Hauptmörderin scheint gar nicht Tiberius gewesen zu sein, sondern die Livia.

107. Livia hat nach Tacitus die Kinder der Julia mehr oder weniger umgebracht.

108. Erst tötete Julianus sich, dann seinen Vater, und dann sich.

109. Ja, da darf man nur an den Vesuv denken, um zu wissen, wann Plinius gelebt hat.

110. Die Donau galt bei den Römern schon als nördliches Land.

111. Die Cimbern und Teutonen stammen eigentlich voneinander ab.

112. Tacitus sagt schon, die alten Deutschen seien so groß gewesen wie unsere Gardes du Corps.

113. Der Trompeter an der Trajanssäule in Rom war von ganz eigentümlicher Konstruktion: er hatte das Mundstück vorn und das Schalloch hinten.

114. Hadrian interessierte sich sehr für die Athener, aber sie waren keinen Schuß Pulver mehr wert.

Klassische Philologie

115. Wenn jemand das Alte Testament übersetzen sollte und hätte weder Grammatik noch Lexikon, ja nicht einmal einen Text, so wäre das sehr schwierig.

116. Die Tempel in Rom waren wie ein gleichseitiges Quadrat erbaut.

117. Im Tempel wurden außer dem Hauptopfer auch kleine Opfer dargebracht, und die Hauptopfer wurden gar nicht im Tempel dargebracht.

118. Nicht allein der Opfernde bekränzte sich, sondern der Altar auch.

119. Das Salz, wenn es ins Feuer geworfen ist, gehört mit zum Opferkultus und knistert.

120. Die ägyptischen Priester mußten sich mit einer großen Reinlichkeit des Körpers betragen.

121. Archytas starb, wer weiß wie lange.

122. Zu den Zeiten Achills hatten die Griechen kein anderes Buch als den Homer.

123. Der Homer ist zu einer Zeit gemacht, wo man wahrscheinlich gar nicht schreiben konnte.

124. Ob Homer gelebt hat, wissen wir nicht. Daß er blind war, ist bekannt.

125. Homer war eigentlich kein einzelner Mensch, sondern eine Dichterschule. Gelebt hat er zwischen 1000–900 v. Chr.

126. Odysseus schreibt, wie er sich geholfen habe, da er keinen Kompaß hatte.

127. In der Odyssee erzählt Homer, daß sich Menelaos in eine Seehautshund verkleidete.

128. Hier in Ilias Buch 11 erzählt Homer etwas, was eigentlich gar nicht in der Ilias drin steht.

129. Von Sophokles sind viele Tragödien gänzlich verlorengegangen. Darunter befinden sich leider einige, die ich für Oberprima als unersetzlich bezeichnen muß.

130. Wenn der Chor nicht singt, sondern spricht, so spricht er nicht im Chor, sondern nur der Chorführer.

131. Die Nachahmer des Pindar sind solche, die den Pindar nachahmen.

132. Zu den Meisterwerken des griechischen Rhetors Demosthenes gehört seine wundervolle Rede vom Kranze. Diese Rede beginnt bekanntlich mit den unsterblichen Worten: »– welcher Lümmel schmeißt denn da wieder mit Papierkugeln!«

133. Demosthenes war ein Muster an Tugend und Keuschheit. Als sich ihm die schöne Lais um den Preis von 10 000 Drachmen für eine Nacht anbot, verschmähte er sie, woran wir uns ein Beispiel nehmen wollen.

134. In den alten Rhetorenschulen war es gerade so wie bei uns in den Schulen: da bekam einer einen deutschen Aufsatz auf.

135. Die sibyllinischen Bücher sind griechisch geschrieben und waren kleinasiatischen Inhaltes.

136. In Griechenland nämlich und in Galatien sprachen die Leute griechisch.

137. Der Bacchus pater ist gar kein Vater, denn erstens hat er gar nicht geheiratet, zweitens hat er

gar keine Kinder, und drittens ist er ein ganz junger Mann.

138. Wenn im römischen Altertum zwei Auguren einander auf der Straße begegneten, so lächelten sie sprichwörtlich.

139. Es gab 15 Auguren; wenn einer starb, waren es nur noch 14, diese wählten dann nach dem To- de des Kollegen den Fünfzehnten aus ihrer Mitte.

140. Wenn der Pontifex einem Toten begegnete, so mußte er ihn begraben.

141. Die römische Uhr war ganz merkwürdig. Sie fing an bei Sonnenaufgang und ging unter bei Sonnenuntergang.

142. Sich zu Tisch zu legen ist griechische Sitte. In Rom war sie unbekannt, selbst im alten Grie- chenland.

143. Früher trank man in Rom aus tönernen Glä- sern.

144. Die Römer glaubten nämlich, wenn einer nicht begraben ist, so habe er im Grabe auch keine Ruhe.

145. Ein Fremder in Rom hatte gar keinen Vater, weil das die Römer gar nichts anging.

146. In Rom hatte nicht jeder einen Vater (d. h. de jure, im rechtlichen Sinne).

147. »Werde ich sehr alt werden? Werde ich sehr jung werden?« Das waren schon bei den Alten sehr interessante Fragen!

148. Alles, was nicht juniores war, das heißt also: Frauen, Kinder, Greise.

149. Wenn ein junger Mann in Rom, was jeder tun mußte, 16 oder 17 Jahre alt wurde, so legte er die toga virilis an.

150. In Italien blieben die Mädchen nicht länger als bis zum 12. Jahre Jungfern.

151. Im Altertum konnte nicht jeder jeden heiraten.

152. Daß die Römer mehrere Frauen hatten, ist eine türkische Einrichtung.

153. Man kann recht gut von einem Menschen sagen: »Wehe der Witwe, die ihren Mann verloren hat!«

154. Um gute Statuen zu sehen, braucht man nicht erst nach Italien zu gehen; die kann man auch bei uns in Europa sehen.

155. Die Römer spielten den Tag über ohne Beleuchtung Theater.

156. In der römischen Komödie ist der junge Mann, der auftritt, nicht der Sohn eines Vaters.

157. In der alten Tragödie kommt das oft vor: erst schlägt einer mich tot, und dann schlage ich ihn wieder tot.

158. Ein Zirkus ist ein Gebäude zum Wettrennen, da wird mit Pferden und vorgespannten Wagen um den Preis gerungen.

159. Bei der Dezimierung wurde gelost, gleichviel ob einer schuldig war oder nicht, denn sie waren ja alle schuldig.

160. Die alten Römer machten es mit den Kriegsgefangenen so wie die Russen: sie verkauften sie in die Sklaverei oder schickten sie nach Sibirien.

161. In der Nähe der Venus Libitina in Rom wohnten die Totengräber und Leichenfuhrwerke.

162. Parthos ferocis vexet eques metuendus hasta. Illum ex moenibus hosticis matrona bellantis tyranni prospiciens et adulta virgo suspiret: Eheu, ne sponsus lacessat regius asperum tactu leonem, quem cruenta per medias rapit ira caedes:
Die wilden Parther zieht hin und her der in bezug auf die Lanze gefürchtet werden müssende Reiter. Die jenen von den feindlichen Mauern herab erblickende ältere Frau des Tyrannen und die erwachsene (geschlechtsreife) Jungfrau seufzen: Eheu, auf daß nicht der königliche Verlobte den durch die Berührung unebenen Löwen reize, den der bluttriefende Zorn durch die mittleren Blutbäder reißt.

163. Seneca, epist. mor. 59,1: vitium esse voluptatem credimus – Wir glauben, daß das Laster eine Lust ist.

164. Der Palimpsest von Ciceros Schrift De republica ist eine Handschrift, von der sich die eine Hälfte in Italien und die andere in Rom befindet.

165. Was der Cicero da gesagt hat, das ist richtig; was er aber nicht gesagt hat, das ist falsch.

166. Wenn Cicero von großem Gedächtnis spricht, so hätte er auch Wallenstein und Napoleon I. anführen können.

167. Wie heißt doch die berühmte Stelle im Virgil, wo der Neptun kommt und sagt: Quos ego! – – – und dann machte er einen Gedankenstrich?

168. Die Fragmente des Asinius Pollio sind ganz interessant, weil es ganz interessante, abgerissene Sätze sind!

169. Tacitus starb 116 n. Chr. Ob er noch länger gelebt hat, wissen wir nicht.

170. Die einzige Handschrift, die wir von Tacitus haben, ist verbrannt.

171. Ausonius ist ein Mann, der in der ordentlichen Geographie nicht vorkommt.

172. Caballi sind Leute, auf denen man rumritt, also etwa Gäule.

173. Capite censi sind Leute, die nur einen Kopf haben und weiter nichts.

174. Curriculum ist eine Laufbahn, in der man läuft.

175. Eleganter dicere heißt: korrekt schreiben.

176. Infrequens sagt man von einem, der nicht zahlreich versammelt ist.

177. Mercator ist im Altertum ein Ladengeschäft.

178. Orbis ist ein alter Ausdruck aus dem Homer.

179. Saguntum und Praeneste können als Neutra gebraucht werden; aber die Masculinformen sind Feminina (d. h. die Form Saguntus ist fem.).

180. Templum ist nicht ein Viereck, wie Sie sagen, sondern ein Quadrat.

181. Unde venit, daher geschah es, ist ein deutscher Germanismus.

182. Urna ist ein Topf und hat drei Eigenschaften: erstens zwei Henkel zum Anfassen, zweitens eine Tülle zum Ausgießen, Summa drei Eigenschaften.

183. Vacuum nemus ist ein Wald, worin keine Bäume stehen.

184. Motiv ist ein schlechtes Wort, denn es ist weder lateinisch noch deutsch.

185. Tempus, quae multa: ganz seltene Erscheinung, die jedoch häufig vorkommt.

186. Das ist, was wir einen Germanismus nennen, das heißt: im Griechischen kann man's sagen, aber im Lateinischen nicht.

187. Wenn man jemand auf Lateinisch begegnet, so sagt man: quid agis? Na, wie geht's?

188. Hermae, quae ist ganz falsch, muß heißen Hermae, qui. Der Hermes, das ist ein Mann, alle Männer sind aber männlichen Geschlechts.

189. Das ist ein berühmter Schnitzer, den ein Primaner schon in Quarta nicht mehr machen darf.

190. Das ist nämlich eine Regel, da stecken allerhand kleine Regeln drin.

191. Diese kleine Ode ist ganz einfach, hat aber viele Schwierigkeiten.

192. Eine besondere Schwierigkeit der anapästischen Verse liegt darin, daß es eigentlich gar keine anapästischen Verse gibt.

193. Diese Ode hat 36 Verse, das läßt sich nicht durch 4 teilen, nämlich 34 Verse.

194. Horaz ist für jeden Gebildeten nötig, weil er jeden Tag wiederkommt.

195. Horaz sagt einmal regnatae terrae; das kann man aber gar nicht sagen.

196. Horaz sagt eben (Od. I, 1: si neque tibias Euterpe cohibet): Wenn Euterpe ihre Trompete zuhält, daß kein Ton herauskommt.

197. Hier muß der Horaz eine andere Quelle gehabt haben; die ist viel später als der Horaz.

198. – vorige Woche hat der Horaz gesagt.

199. Acroceraunia sind Felsen, an denen man sehr bequem scheitern kann; das ist der Ort, wo der arme Mann in der Archytas-Ode (Horaz Ode I, 28) unterging; an der dalmatinischen Küste kann man nämlich sehr bequem umkommen.

200. Plutarch lebte unter Antoninus, aber unter Hadrian schrieb er schon.

201. Solche Epiker aus der neueren Zeit sind z. B. die Nibelungen.

202. Passen Sie auf, dies ist ein sogenanntes Anako-
luth; da drin ist etwas, wo Sie steckenbleiben
müssen, wenn Sie aufmerksam übersetzen.

203. Diese Stelle kann eigentlich kein Mensch übersetzen, ich will sie Ihnen aber mal vorüberset-
zen.

204. Pergamus muß eigentlich Pergamum heißen,
denn Pergamum kommt bei keinem Schriftsteller vor.

205. Ein As war ein Stück Kupfer von der Größe einer Untertasse, und wenn man es einem wollte
an den Kopf werfen, so war er tot.

206. Die bona externa sind also Reichtum und Ar-
mut.

207. Es gibt zwei Arten Güter, nämlich das summum
bonum und das summum malum.

208. Den König Perseus kann man im Lateinischen
eigentlich gar nicht deklinieren.

209. Das s ist hier lang gebraucht.

Geschichte

Biblische Geschichte

210. Adam und Eva machten einen Sündenfall.

211. Die Israeliten sind ein gar altes Volk, sie kommen schon im Homer vor.

212. Bei den Israeliten waren die Heuschrecken, was bei uns der Hafer ist.

213. Die Bibel ist nicht ein gewöhnliches Buch wie andere Leute.

214. Moses ließ die Bibel ins Lateinische übersetzen.

215. Als der Prophet Zacharias gestorben war, nahm er eine andere Lebensart an.

216. Der heilige Eutropius wurde zweimal hingerichtet.

217. Der heilige Stephan kömmt nicht nur in der alten, sondern auch in der mittleren Geschichte vor.

218. Die Apostel sprachen von der Einehe als von etwas so Selbstverständlichem, daß sie sie gar nicht erwähnten.

219. Auf dem Vatikan ist die Peterskirche, und da wohnt der Papst drin.

220. Die Regierungen der Päpste waren nur kurz, obgleich immer der Vater auf den Sohn folgte.

221. Keiner der Päpste hat ein so hohes Alter erreicht wie der heilige Petrus, denn dieser wurde im Jahre 64 nach Christo in Rom gekreuzigt.

222. Gregor VII. lebte von 1073 bis 1085.

223. Papst Clemens VII. starb in der Engelsburg, weil er sich sehr vor dem Papst fürchtete.

224. Sixtus V. war bei seiner Ernennung 35 Jahre alt, nachdem er vorher 65 Jahre krank gewesen war.

225. Ja, wenn das Hündchen nicht gewesen wäre, das den Papst in den Fuß biß, so hätten die Engländer gar nicht viel ausrichten können.

226. Der Papst ermahnte seine Gläubiger.

227. Aus der vatikanischen Bibliothek raubten die Franzosen 60 Manuskripte, darunter mehr als 200 Handschriften des Euklid.

228. Der romanische Stil ist rund.

229. Karl der Große besiegte die Sachsen so oft, daß sie es zuletzt gar nicht abwarteten.

230. Wer hätte bei Karl des Großen Tode denken können, daß 500 Jahre nachher der Papst ihn als Kaiser krönen würde.

231. Beide, sowohl Karl als Karlmann starben, so daß nun beide gestorben sind.

232. Karlmann verwechselte das Zeitliche mit dem Geistlichen und starb.

233. Die drei Nachfolger Karls d. Gr. kamen darin überein, keinen zu bevorzugen. So wurde das Reich durch den Vertrag von Verdun in drei gleiche Hälften geteilt.

234. Damals hing das Schicksal des Landes an einem dünnen Haar, nämlich an Karl dem Dicken.

235. Wenn Friedrich Rotbart nicht ertrunken wäre, wäre er vielleicht etwas älter geworden.

236. 1308 wurde der 1306 erschossene Geßler aus der Schweiz vertrieben.

237. Ludwig von Bayern erbte seine Schwester.

238. Die Geißelbrüder, die auch als Flagellanten ihr Unwesen trieben, waren eine Epidemie, die sich

von den Anfängen des Mittelalters bis in die Ausläufer der Karpathen erstreckte.

239. Johann Hus erlitt zu Konstanz die Qualen der Verbrennung, und zwar im Hochsommer 1415, als es ohnehin in Konstanz unerträglich heiß war.

240. Maximilian, der letzte Ritter, stand noch mit einem Fuß im Mittelalter, während er mit dem andern in die Neuzeit zeigte.

241. Maximilian I. hatte die Hoffnung, den Thron auf seinem Haupte zu sehen.

242. 1589 ist Luther geboren, und 1518 war die Reformation.

243. Karl V. feierte sein eigenes Leichenbegängnis, nachdem er fünf Jahre vorher im Kloster San Ildefonso gestorben war.

244. Sie kriegten den Grumbach her, rissen ihm das Herz aus dem Leibe, schlugen es ihm um den Kopf und ließen ihn laufen.

245. Als Tilly geschlagen worden war, zogen Tilly und Wallenstein hinter Tilly her.

246. Herr von Plotho warf den kaiserlichen Notarius Aprill die Treppe hinunter und zur Treppe hinaus.

247. Bei der Krönung in Frankfurt wurde der Vierspänner des Kaisers mit acht Pferden bespannt.

248. Maria Theresia hatte bei ihrer Thronbesteigung viele Feinde, die Preußen, die Russen und die Österreicher.

249. Beim Überfall von Hochkirch schnallten die Preußen die Sättel über die bloßen Hemden und ritten in aller Eile zum Tore hinaus.

250. Der General Wurmser begab sich mit dem größten Teil der österreichischen Monarchie nach Mantua zurück.

251. Bayern und Württemberg sollten 1806 König werden, aber sie bedankten sich und wollten Kurfürst werden.

252. Die Schlacht von Leipzig kostete 15 Dörfern in der Umgegend das Leben, ungerechnet den Viehstand.

253. Nach der Schlacht von Leipzig sah man Pferde, denen drei, vier und noch mehr Beine abgeschossen waren, herrenlos herumlaufen.

254. Die Soldaten kamen alle um, aber sie waren nicht alle tot.

255. Die Artilleristen sind alle achtspännig angeschirrt.

256. Die alten Burgen am Rhein sind zugrunde gegangen durch die umliegenden Leute.

257. Bei regierenden Häusern wird alles aufgezeichnet, weil das alles wirkliche Personen sind.

258. Sieben Herzöge waren in Thüringen. Dazu kamen noch elf alte und drei neue, das macht zusammen vierzehn Herzöge.

259. Die französischen Könige bis auf Ludwig XIV. haben alle ihre Nachfolger in der Abtei von St. Denis begraben, bis auf Ludwig XV., welcher ihnen dahin voranging.

260. Ludwig XIV. wurde schon in seinem fünfzehnten Jahre König, und wir werden da noch nicht einmal Primaner.

261. Er behandelte seine Mätressen mit Hochachtung vor den Folgen dieses unerlaubten Verhältnisses.

262. Dann galoppierte Bayard im vollen Trab zum Tore hinaus.

263. Die eiserne Maske ist eine sehr merkwürdige Geschichte, von der wir aber gar nichts wissen.

264. Bei Roßbach verloren die Franzosen 30 Mann Kanonen.

265. Die Franzosen gingen über das linke Rheinufer der Rhone zurück.

266. 1794 fielen die Franzosen in Frankreich ein und schlugen alles nieder.

267. Marat wurde zwar ermordet, aber er starb vorher an einer Krankheit, die ihm sogar das Leben raubte.

268. Danton wurde erst guillotiniert, nachdem er sich selbst den Hals abgeschnitten hatte.

269. 1888 wurde Napoleon auf den Thron gesetzt und 1814 wieder heruntergeworfen.

270. Es kam mit Napoleon sogar so weit, daß sein erstes Kind sogar ein Sohn war.

Geschichte Englands

271. Edmund der Große wurde von zwei Hofbedienten ermordet, die Knut der Große erstochen hatte.

272. Ich komme heute der jüngeren Schüler wegen nochmals auf Richard Löwenherz zurück, da nur die Älteren unter Ihnen die Kreuzzüge mitgemacht haben.

273. Heinrich III. heiratete eine gewaltig große Dame, die sich nachher gewaltig viele große Gewalt anmaßte.

274. Da der Schwarze Prinz vor seinem Vater gestorben war, so erbte er auch die Regierung von Frankreich.

275. Richard III. ließ alle seine Nachfolger hinrichten.

276. Nach dem Tode Richard III. war wenig mehr für seine Rettung zu erwarten.

277. Man hieb Richard von York den Kopf an.

278. Suffolk wurde von einem Schiffskapitän umgebracht, d.h. auf dessen Antrieb, denn auf seinen Antrieb geschah es nicht.

279. In England ist die Königin immer eine Frau.

280. Maria Stuart wurde auf den Betrieb der Königin Elisabeth abgerichtet.

281. Nach der Hinrichtung der Maria Stuart erschien Elisabeth im Parlament, in der einen Hand das Schnupftuch, in der anderen die Träne.

282. Bei seiner Überfahrt von Abukir nach England enterte Nelson so viele französische Schiffe, daß er sie zuletzt in den Mastkörben unterbringen mußte.

283. Nelson machte die Schlacht von Trafalgar noch mit, obgleich er bei Abukir geblieben war.

284. Wellington hatte schon den Kaiser Napoleon geschlagen, als er noch Oberst in Ostindien war.

285. Wellington kaufte in Portugal ein Silbergeschirr für 12000 Taler, wofür er anderswo ein goldenes Silbergeschirr hätte bekommen können.

286. Oberitalien ist 749 Jahre nach Christus geboren.

287. Die venetianische Verfassung ist eine gemischte Aristokratie, aus der es sehr schwer ist, wieder herauszukommen.

288. Der Rat der Fünfzehn in Venedig besteht abwechselnd aus sieben Mitgliedern, von denen zehn alle Jahre wiedergewählt werden.

289. Im Sommer liefen sie aus Rom alle weg, da war es ganz leer, und die, welche dablieben, bekamen alle das Fieber.

290. Als die Pest in Florenz wutete, erlagen ihr auch sämtliche Ärzte der Stadt. Als der letzte Arzt dahingerafft war, entschwand die Seuche.

291. Dieses Florentiner Patrizierhaus entartete sichtlich von Generation zu Generation, und schließlich begann die Kinderlosigkeit in der Familie erblich zu werden.

292. Es gelang dem Fernando auch, König von Spanien zu werden, oder vielmehr, er wurde es nicht.

293. Alfons war bei seiner Geburt erst zwei Jahre alt.

294. So trat also der König Alfons den östlichen Teil seines Lebens ab.

295. In Barcelona allein wurden 200000 Ketzer verbrannt.

296. Der Minister Pombal mußte die Stadt Portugal wieder aufbauen lassen.

297. Beim Rückzuge aus Spanien waren die Wege so schlecht, daß man acht Wagen vor ein Pferd spannen mußte.

298. Die Kutscher ritten auf den Pferden und zogen hinter sich den Wagen.

Geschichte der nordischen Staaten

299. Die Götterlehre der Schweden feierten sie durch Opfer.

300. Als Gustav Wasa zum Könige ausgerufen war, segelte Christian VII. mit der Schärenflotte nach den Dardanellen zurück.

301. Gustav Adolf, König von Schweden, lebte kurz vor seinem Tode noch.

302. Gustav Adolf erhielt einen Schuß mit einer ledernen Kugel, welche durch sein silbernes Koller drang.

303. Gustav Adolf wurde bei Lützen geblieben und verlor 150 Mann Kanonen.

304. Die Schweden erklärten die Christina zur Frau und Fürstin.

305. Die schwedische Armee ward in sächsisches Tuch gekleidet von Kopf zu Fuß; die Schuhe waren aber bald aufgebraucht.

306. Die Offiziere Karls XII. steckten ihre Degen ein und die Soldaten ihre Gewehre.

307. Karl XII. wurde 22 Jahre nach seinem Tode erschossen.

308. Vom Hofe des Königs von Schweden müssen wir gegen Napoleon ein chronologisches Verzeichnis machen.

309. Man merkte wohl, daß die Lage von Schweden sich bald würde ergeben müssen.

310. Als die Königin Mathilde verheiratet wurde, gab ihr Vater ihr 2 Millionen Dukaten mit: das macht 60000 Taler gutes Geld.

311. Olaf VI. war der Sohn Woldemars II., und alle Olafe hießen Olaf, bis auf den 5ten, welcher Christian hieß.

312. Christian VII. war nichts weniger als alt, als er geboren wurde.

313. Margaretha von Dänemark war eine kleine Frau, rundlichen Angesichts. Sie wollte die Stecknadeln so spitz machen, daß Albrecht sich damit stechen könnte.

314. Es ist sehr merkwürdig, daß mit Friedrich V. die Krebse nach Dänemark kamen.

315. Erich VII. starb 1734 und war geboren 1490. Er lebte also 44 Jahre.

Geschichte der östlichen Länder und Reiche

316. Der polnische Reichstag verhinderte durch sein Veto die Wahl des Königs, so daß also alle polnischen Könige ohne Veto gewählt wurden.

317. Die Könige von Ungarn und Böhmen waren Repräsentanten des französischen Volkes.

318. Der König Sobieski ließ nicht eher zum Abmarsche blasen, als bis die Türken unverrichteter Sache heranrückten.

319. Stanislaus war bei seines Vaters Geburt noch nicht auf der Welt.

320. Die Russen haben ihren Namen vom Flusse Sueven.

321. Zur Orientierung in der russischen Geschichte kann man sich merken, daß keine Regierung unter 50 und keine Provinz über vier Jahre gedauert hat.

322. Wenn es bei Iwan dem Schrecklichen zum Biegen oder Brechen kam, so zog er stets vor zu brechen.

323. Als Petersburg von Peter dem Großen gebaut wurde, starben täglich 100000 Menschen an der Arbeit.

324. Da nun Peter II. tot war . . . lebte . . . und nicht mehr lebte . . . tot war . . .

325. Der Fürst Dolgorukij hat sich bis zum Chorsänger emporgeschwungen.

326. Suworow hatte die Gewohnheit, erst den Feind zu schlagen und dann dessen Stellung zu rekognoszieren.

327. Er marschierte mit seiner Armee so schnell, daß weder die Infanterie noch Kavallerie noch Artillerie ihm folgen konnte.

328. Die polnische Armee wurde von Suworow geschlagen, weil sie ausriß und fortlief.

329. Nachdem Suworow die Festung Akkerman erobert hatte, ließ er sie auch noch aushungern und mit Sturm nehmen.

330. Als Suworow in die Schweiz kam, wurde er so in die Enge getrieben, daß er sich in die Schweiz zurückziehen mußte.

331. So entstand ein völliger Krieg auf Seite 94.

332. Die Niederlage, die sich die Türken bei Wien erfochten, war glorreich.

333. Ein Bataillon Janitscharen besteht aus 15 Mann, von denen jeder 12 Kessel zum Umstürzen mit sich führt.

334. Als der Großwesir am Morgen aufstand und sah, daß er keinen Kopf hatte – ja so, das geht nicht.

335. Die Türken rückten mit 150 Mann Kanonen über den Hellespont.

336. Nachdem Selim I. mittels einer seidenen Schnur erdrosselt worden war, suchte er Schutz in den Sieben Türmen.

337. Aus den Dardanellen kam eine Kugel mit einem englischen Schiffe, die 854 Fuß wog.

338. An großen Festtagen läßt sich der Kaiser von China in einer sechsspännigen Portechaise tragen.

339. Wir kommen nun auf den Punkt, wo das Königreich verheiratet wurde.

340. Den Mönch habe ich zu bald abtreten lassen. Jetzt tritt er erst ab.

341. Er zog den Säbel und schoß ihn nieder.

342. Aber im Seekrieg da spielen sie eine bessere Rolle in Rücksicht auf den Seekrieg, was den Seekrieg betrifft.

Physikalische und politische Geographie

Geomorphologie

343. Die Erde gehört in die Genealogie von Dänemark.

344. Die Erde hat wie alle Körper Parallelkreise, die sich schneiden, und das ist die mathematische Geographie.

345. Man kann die deutschen Völker gleichsam klassifizieren, wie Linné die Pflanzen klassifiziert hat.

346. Regen und Wasser gibt es wohl mehr als Menschen.

347. Von dem linken und rechten Ufer eines Flusses kann man sich nur an der Quelle unterrichten.

348. Der Boden der heißen Zone ist sandig, der der gemäßigten lehmig, und die kalte Zone hat gar keinen Boden.

349. Die Kälte wächst gegen den Nordpol um 10 Grad, zuletzt hört sie ganz auf.

350. In einigen Ländern, die sich nach Norden erstrckkcn, wird dic Kälte im Sommer immer größer als im Winter.

351. Der Meeresstrand ist die Hauptsache, wo der Sand liegt.

352. Der See ist nicht dazu da, daß man darin herumtaucht, denn der Mensch ist kein Wassertier, sondern ein Landtier.

353. Eine Moorgegend ist eine Gegend, wo der Jäger mit Wasserstiefeln hingeht.

354. Das nasse Land verwandelt sich in der Hitze in Luft.

355. In einem Lande von 80000 Einwohnern werden jährlich nur 2 bis 3000 vom Blitz erschlagen.

356. Wenn der Schnee schmilzt, reißen die Waldbäche aus.

Heimatkunde

357. Die Engelsburg gehört zum Königreich Gotha.

358. Gotha ist nicht nur die schönste Stadt in ganz Italien, sondern sie hat auch viele Gelehrte gestiftet.

359. Gotha liegt an drei Flüssen, an der Leina, der Nasse und der Erfurtischen Chaussee.

360. Gotha ist nicht viel weiter von Erfurt entfernt als Erfurt von Gotha.

361. Gotha ist säbelförmig gebaut.

362. Vor einigen Jahren war ein Riese hier, der, den Kopf ausgenommen, $3\frac{1}{2}$ Fuß hoch war.
Schüler: Das war nicht sehr hoch.
Galletti: Ja, es war aber auch ein Zwerg.

363. Gospiterode ist schon von Gotha aus sichtbar, man braucht nur hinter den Bocksberg zu gehen.

364. In Erfurt war einmal ein großes Sterben, da starben in jedem Monat 500 Mann, das macht jährlich etwa 12 aus.

365. In Suhl werden sehr schöne Meerschaumköpfe aus Bimsstein gemacht.

366. Wenn man die Einwohner von Waltershausen teilen will, so kommt auf jedes Haus 5 und ein bißchen.

367. Die Seelen von Hallungen stecken unter den Einwohnern von Nazza.

368. Schulpforta liegt auf dem Berge.
Schüler: Verzeihen Sie, es liegt unten am Berge.
Galletti: Nun, dann muß es heruntergebracht worden sein. Zu meiner Zeit lag es auf dem Berge.

369. Jülich, Kleve und Berg waren schon lange preußisch, ehe sie an Preußen abgetreten wurden.

370. Hamburg liegt am Ausflusse der Ostsee in die Elbe.

371. In Hamburg wächst der Schnee häufig.

372. In Nürnberg werden viel Nürnberger Spielsachen verfertigt, unter andern auch Juden.

373. In Berchtesgaden wird aus Knochen Holz geschnitzt.

374. In Österreich gibt es viel Quecksilber, daraus macht man Sensen, Sägen und Messer.

375. In Wien wird mancherlei verfertigt, unter anderm auch die Porzellanfabriken.

376. Der Weinbau ist eine der herrlichsten Rheingegenden.

377. In Dresden ist ein Turm, der gleichsam hohl gebaut ist.

378. In Sachsen wird viel Tuch verfertigt, aber nur wenig.

379. Als Amsterdam erbaut wurde, kamen die Quadersteine von Pirna auf der Elbe herbeigeschwommen.

380. Die Haupteinnahme von Schneeberg besteht in Schnupftabak. Er schwächt das Gedächtnis und bringt den verlorenen Schwindel wieder.

381. Eine Stadt, die 10 Meilen im Umfang hat und viermal so groß ist als Paris, ist nichts weniger als eine große Stadt.

382. Wenn man eine Stadt wie Paris 92mal zusammensetzt, so kommt eine Stadt wie Gotha heraus.

383. Paris ist 40000mal größer als Gotha.
Schüler: Entschuldigen Sie, Herr Hofrat, das ist doch zu viel.
Galletti: Nun, aber 20000mal größer ist es – und dabei bleibt es.

384. In Paris werden Spiegel verfertigt, die ohne Glas und Rahmen wohl 12000 Taler kosten.

385. In Frankreich gibt es an Goldarbeitern und Juwelieren gegen 24 Millionen.

386. Die schönsten Gebäude sind von Rom nach Paris geschafft worden.

387. In Paris steht nur ein großer Haus, das ist eine Wollenfabrik; auf diesem steht noch ein Haus, das sind also zwei Häuser.

388. In Straßburg ist ein gar hoher Turm, der ist wohl dreimal kleiner als unser Neumarktsturm.

389. Der 29. September ist für Frankreich und Italien ein wichtiger Monat.

390. Eine Naturgeschichte aller jetzt in Frankreich lebenden Professoren müßte sehr interessant sein.

391. Im Museum zu Paris sind unter den Mineralien die Stiefel ohne Nähte besonders merkwürdig.

England
Geographie und Volkswirtschaft

392. England ist außer Rußland und China das größte Reich in Europa.

393. Die Stadt England hat ihre eigene Miliz.

394. Die englische Flotte zählt in Friedenszeiten 360 Kriegsschiffe, die in Kriegszeiten mit 11 000 Mann für jede Kanone bemannt werden.

395. In London brannten 1300 Gassen und 400 Häuser ab.

396. Die Häuserzahl in London wächst alle Jahre so sehr, daß eine genaue Zählung mehr als zwei Quadratmeilen ergibt.

397. Wenn alle Straßen Londons aneinandergesetzt werden, so entsteht eine Zahl, welche beinahe dreimal um die Erde herumgeht.

398. In London ist ein so großer Steinkohlendampf, daß, wenn auch die Sonne nicht scheint, man doch den Himmel nicht sehen kann.

399. In England ist für die, welche das beste Rindvieh darstellen, eine lebenslängliche Versicherung ausgesetzt.

400. In England sollen 25 Millionen Schafe sein; das ist aber unwahrscheinlich, denn so viele Schafe lassen sich gar nicht berechnen.

401. Die englischen Fabriken von Baumwolle werden gewiß nächstens schöner.

402. Aus England werden jährlich an 20 Ellen Leinewand ausgeführt.

403. Die Engländer würden bei weitem nicht so viel Leder machen, wenn sie bloß ihre eigenen Felle gerbten.

404. Die Kohlenausfuhr beträgt 20000 Menschen und beschäftigt für jeden Menschen 40000 Zentner.

405. Die Stahlfabriken in Birmingham verbrauchen so viel Stahl, daß aller Stahl, welcher fabriziert wird, dazu nicht ausreichen würde.

406. Die englischen Nähnadeln sind so fein, daß 500 davon auf einen Zoll gehen.

407. Die englischen Nähnadeln lassen sich durch das feinste Nadelöhr ziehen.

408. Unter die Produkte von England gehören auch große Hunde, z. B. der Dachs.

409. In England macht Ramsden die besten astronomischen Uhren, welche alle Tage nur 3 bis 4 Stunden vorgehen.

410. Das große Herschelsche Teleskop wird auf 40 Rädern bewegt, deren jedes 5 Zentner im Durchmesser hat.

Länderkunde Italiens

411. Die venezianischen Gondoliere sind so geschickt, daß sie sich mit einem Ruderschlage über den Markusplatz schwingen, ohne das Gleichgewicht zu verlieren.

412. In Neapel geht man abends auf dem Hause eines Daches spazieren.

413. Der Lavaboden am Vesuv sieht gar nicht so aus, wie er aussieht.

414. Die Inseln des Mittelmeeres sind alle größer oder kleiner als Sizilien.

415. In Italien wachsen viele Pomeronen und Citranzen.

416. Wenn Persien so ein dreiseitiges Quadrat wäre wie Amerika, so könnten wir es leicht ausmessen.

417. Persien ist 4mal so groß wie Deutschland, also zweimal kleiner.

418. Die Perser haben Geschichtsbücher, deren Nachrichten gar nicht übereinstimmen mit den Nachrichten der Perser.

419. Der Unterschied zwischen dem alten und dem neuen Persien besteht hauptsächlich in der Unkenntnis der Sprache.

420. Persien hat jetzt ungleich mehr Einwohner als jetzt.

421. In Persien sind manche Berge so hoch, daß der Schnee nur auf Maultieren heruntergeschafft werden kann.

422. Die persische Kriegsmacht besteht aus 14 Generälen; davon sind 4000 zu Pferde und 20000 gehen zu Fuß.

423. Die persischen Provinzen sind wichtiger Geschäfte wegen nach Petersburg gereist.

424. So wären wir nun mit Persien fertig, d.h., wir sind noch nicht fertig.

425. Die Afghanen sind ein sehr gebirgiges Volk.

426. Nordamerika besteht aus lauter großen und kleinen Inseln, von denen jedoch die wenigsten von Wasser umflossen sind.

427. Die Normänner nannten die Küste von Nordamerika nicht Winland, denn es ist nicht wahrscheinlich, daß dort Wein wuchs; sondern sie nannten sie Nordweinland, weil aus den verschiedenen Meeresströmen auch verschiedene Winde entstanden.

428. Die Vorfahren der Amerikaner waren Landläufer.

429. Die Hauptstadt Philadelphia ist 1712 gestorben.

430. Die Sklaven werden wie die Hasen behandelt und von den Pflanzern unbarmherzig ausgeweidet.

431. Die Karaiben sind keine Menschenfresser, denn sie fressen ja bloß das Fleisch von Menschen. Sonst wären wir ja Ochsenfresser, denn wir fressen auch das Fleisch von Ochsen.

432. Die Insel Barthélémy hat 2000 Quadratmeilen und 600 Einwohner.

433. Wenn der Zucker von San Domingo alle nach Deutschland käme, so kämen auf den Mann 6 Millionen Zentner.

434. Nun haben wir noch eine Provinz von Nordamerika, und das ist Südamerika.

435. Südamerika ist krumm.

436. Wer auf einen sehr hohen Berg steigt, der wird
schwindlig; natürlich – denn es schwindelt ihn.

437. Der Chimborasso ist 24000 Quadratmeilen
hoch, wollte ich sagen, 24000 Quadratfuß.

438. Ja, das versteht ihr nicht. Die Höhe eines Berges
wird erst in Quadratmeilen angegeben, und
dann wird die Kubikwurzel herausgezogen.

439. Als Humboldt den Chimborasso bestieg, war die
Luft so dünn, daß er nicht mehr ohne Brille lesen konnte.

440. Die Feuerländer sind von der Kälte ganz rot ge-
brannt.

Der Erdteil Afrika

441. Mittag ist eine Zeit, wo man im Altertum ein-
schläft.

442. Heutzutage gehen alle Leute nach Afrika und
lassen sich zu ihrem Vergnügen totschlagen.

443. Ich kann Ihnen die Bücher über Afrika jetzt
nicht angeben. Ich habe sie zwar im Kopfe, aber
nicht auf dem Papier.

444. Wieviel Jahre vor Christi Geburt wurde Afrika erbaut?

445. Afrika hat auf allen vier Ecken eine rundliche Gestalt, die sich gegen die Mitte verengt.

446. Ägypten wird eingeteilt in das wüste und glückliche Arabien.

447. Ägypten ist so leicht zu verteidigen, daß man hernach gar nicht herein kann.

448. Das vorzüglichste Produkt von Ägypten ist ein Fluß, nämlich der Ganges.

449. Unter die vorzüglichsten Produkte von Ägypten gehört das Klima.

450. Was das Klima von Ägypten betrifft, so ist der Fluß vielen Überschwemmungen ausgesetzt.

451. Der Libanon fließt durch Ägypten.

452. Der Nil schickt sein Wasser hin, wo er hinwill.

453. Der Nil überschwemmt das ganze Meer.

454. Im Süden des Nils sind die Katarakte, d. h. auf deutsch: da kann man nicht zu Schiff fahren.

455. Die Nilquellen liegen noch viel weiter südlich, als wo Bruce sie entdeckte.

456. Zur Erbauung der Pyramiden gehörte eine Maschine, bei deren Erbauung eine Stufe auf die andere gesetzt wurde.

457. In Äthiopien ist die Hitze so groß, daß die Klingen in den Degen rosten.

458. In Senegambien sind so große Erdbeben, daß nicht allein ganze Städte, sondern auch einzelne Häuser einstürzen.

459. Tripolis ist aus drei Städten erbaut, aus Sidon, Tyrus und Tripolis.

460. In der Sahara liegt der Sand so locker, daß heute da Berge sind, wo morgen Täler waren.

461. Der Pik von Teneriffa liegt nur 11 000 Fuß vom Äquator, folglich kann es dort nicht sehr warm sein.

Geographie der weiten Welt

462. Bei der Beschreibung von Spanien beginnen wir mit Portugal.

463. In Portugal fängt das Klima erst im Februar an, im Sommer ist große Hitze, aber der Herbst benebelt alles wieder.

464. Cadix liegt auf einer Insel, und vermittels einer Brücke hängt das feste Land mit dem Meere zusammen.

465. Fünen ist durch eine Landenge von Kopenhagen getrennt.

466. Es ist nicht unmöglich, daß das asiatische Rußland in Europa einst mit dem deutschen Reiche verbunden war.

467. Die Meere, die sich in die Ostsee ergießen, sind die Newa, Dwina und Wolga.

468. Nun, wo fließt Petersburg hin? Petersburg fließt in die Ostsee.

469. Was in Deutschland der Regen ist, das sind in Rußland die Heuschrecken.

470. In Rußland hat man Fenster von getränktem Öl.

471. Das Kaspische Meer ist eigentlich kein Meer, sondern bloß ein See, denn es ist von allen Seiten mit Wasser umflossen.

472. Auf dem Kaspischen Meer sind zwar keine großen Stürme, aber man kann doch ganz gut darauf fahren.

473. Die Aleutischen Inseln wohnen in Erdhütten, ihre Fenster sind oben; eigentlich haben sie gar keine Fenster.

474. In Grönland ist manchmal im Juni der Schnee so tief, so hoch wollte ich sagen, 2 hoch tief.

475. Grönland hat so wenig Grünes, daß die Holländer es deshalb vor 300 Jahren Grönland nannten.

476. Der Südwind kommt von Süden und fährt ins Adriatische Meer.

477. Wenn der Nordwind im Adriatischen Meer von Süden kommt, ist er nicht gefährlich.

478. Hier sind die montenegrinischen Inseln, wo man sehr bequem scheitern kann.

479. Thessalien ist das einzige Land, wo in Griechenland geritten werden kann.

480. Über das Goldene Horn führt eine Schiffsbrücke, die vom Schwarzen Meer nach dem Mittelländischen reicht.

481. Der Bosporus ist eine Passage, die heutzutage ganz gewöhnlich ist.

482. In Arabien selbst wuchsen Wohlgerüche, das sind Gummibäume, die ein Harz haben.

483. Der Wohlgeruch brennt und entwickelt einen gewissen Wohlgeruch.

484. Die Wohlgerüche Arabiens werden oft genannt, aber wenn man hinkömmt, sieht man nichts davon.

485. In Arabien ist die Luft 19 Zoll dick.

486. In neueren Zeiten ist das arabische Gold sehr bekannt geworden. Man denke nur an die Königin von Saba, die dem Salomon so viel Gold brachte.

487. Das eigentliche Syrien ist ganz in der Ordnung.

488. Die Hitze in Koromandel ist so groß, daß es die Laternen nicht aushalten können.

489. Indien liegt am Einfluß des Ganges.

490. Die Bewohner von Hinterindien haben südlich unter dem Munde eine Öffnung. Ich habe sie mir auf der Karte gemerkt.

491. In Deutschland sterben jährlich auf den Kopf der Bevölkerung 22 Menschen.

492. Diese Übersicht ist gleichsam die Festung von Europa.

493. Die Domänen sind die Kammerdiener des Königs.

494. Wir müssen bei den Produkten eine gewisse Einteilung beobachten, z.B., die Pflanzen teilt man in zweibeinige und vierfüßige.

495. Von den Produkten, welche zur Nahrung gehören, nehmen wir zuerst die, welche zur Hirse gehören.

496. Das vorzüglichste Produkt aus dem Mineralreiche, das die Amerikaner von den Europäern erhielten, war die Kartoffel.

497. Das beste Pflanzensalz im Tierreich ist Erz.

498. Auch in den ältesten Zeiten hat man schon Schnee fabriziert.

499. Auf dem Festland gibt es Schneebergwerke.

500. Das war das Mineralreich. Nun kommen wir an die Steine.

501. Aus Steinen wird Öl geschlagen, das nennt man Steinöl.

502. Der Pfeffer ist eigentlich nichts als das Kraut der Papyrus-Staude.

503. Nun haben wir noch ein Produkt aus dem Pflanzenreich, das sind die Elefantenzähne.

504. Aus Elfenbein werden viele nützliche Sachen gemacht, unter anderm auch Billardkugeln.

505. Das waren die vornehmsten Pflanzen im Pflanzenreich.

506. Was wird besonders aus Eisen verfertigt? Porzellan.

507. Die wilden Tiere dienen zum Leder.

508. In Indien dient der Elefant als Ausdruck sozialen Wohlstandes.

509. Die Phönizier färbten mit Vitrum Glas, einer Pflanze, die wir jetzt Waid nennen.

510. In Schweden wird viel Tuch verfertigt, besonders in Kopenhagen.

511. Der Kielbalken eines Schiffes ist so groß, daß einer gar nicht zureicht.

512. Wenn einer das Weltengebäude von außen sehen würde, würde er es von außen sehen.

513. Durch das stärkste Fernrohr erscheint der Planet
Mars so groß wie mein Kopf auf zehn Meter
Entfernung. Aber selbst wenn es auf dem Mars
von Menschen wimmelte, könnte man sie nicht
wahrnehmen, da Sie ja auf zehn Meter auch
nicht sehen können, was auf meinem Kopfe
vorgeht.

514. Fixsterne sind Löcher im ehernen Himmel.

515. Der Mond ist, wenn er aufgeht, zwei- bis dreimal größer als er wirklich ist, d. h. als wir ihn am
Tage wirklich sehen.

516. Was die Farbe des Mondes betrifft, so ist sie gewöhnlich groß.

517. Die Vorrückung der Nachtgleichen ist erwiesenermaßen so klein, daß Hipparch nicht imstan-
de war, sie zu bemerken.

518. Von Newton brauche ich nichts weiter zu sagen, als daß er gestorben ist.

519. Er konnte, als er tot war, auf ein durchaus er-
folgreiches Leben zurückblicken.

520. Es ist heute sehr heiß, das Thermometer steht
auf 40 Fuß und 27 Zoll.

521. Das kochende Wasser wird luftförmig, das gefrorene Wasser wird körperlich.

522. Zur Zeit des Plinius stellte man sich das Echo als eine Nymphe dar, die in Felsen nistet und den Knall einer Pistole mehrfach wiederholt.

523. Es gibt unsichtbare Gegenstände, die nicht gesehen werden können.

524. Auf der Netzhaut des menschlichen Auges bilden sich alle Gegenstände verkehrt ab. Damit entsteht die Frage: Wieso erblicken Sie mich aufrecht, da ich Ihnen doch eigentlich verdreht erscheinen müßte?

525. Wenn man sich bei Spiritus besieht, sieht man aus wie ein Gespenst.

526. Ehe das Pulver erfunden wurde, mußte man mit Lunten losbrennen. Man lud die Kugel unten hin, das Pulver oben darauf. Das knallte mehr als eine Kanone.

527. Wenn wir annehmen, daß eine Kanonenkugel in wenigen Sekunden ¼ Stunde fliegt, so kommt sie etwa bis Erfurt.

528. Der erste, der an einem zappelnden Frosch den Galvanismus feststellte, ist der mit Recht so genannte Galvani.

529. Manche Leute besitzen Hühneraugen, die bei Witterungsumschlag so schmerzempfindlich sind wie richtige Quecksilberbarometer.

530. Ich kann nicht sagen, ob Ihre Zahl richtig ist; ich habe nämlich 33 atm. im Kopf.

Mathematik, Geometrie,
Arithmetik

531. In der Mathematik gibt es viele Lehrsätze, welche sich nur dadurch beweisen lassen, daß man von vorne anfängt.

532. Eine mathematische Linie hat gar keine Ausdehnung.

533. Eine gerade Linie ist die, die von einem Punkt zum andern geht.

534. Ein Winkel ist ein Winkel, den der Tischler mit dem Winkelmaße mißt.

535. Die Theorie der Parallellinien erklärt sich durch sich selbst, denn sie geht in das Unendliche.

536. Für den pythagoreischen Lehrsatz gibt es mehr als 20 Beweise, welche alle von den beiden Katheten anfangen und mit der Hypothenuse aufhören.

537. Worin besteht die Vortrefflichkeit des pythagoreischen Lehrsatzes? Darin, daß Pythagoras ihn erfunden hat.

538. $3 \times 5 = 150$. Das trifft gerade zu.

539. Was heißt eigentlich »vierteilen?« Sie schweigen? Sehen Sie, vierteilen heißt eigentlich in zwei gleiche Teile teilen.

540. 2½ ist so ein Ausdruck, wo wir dafür sagen anderthalb.

541. Ein Ganzes hat nämlich immer 12 Teile.

542. 3000 Zentner Silber machen gerade 300 Mark.

543. Der Gulden wurde eingeteilt in 60 Kreuzer, und das ist eine babylonische Erfindung.

544. 50000 Gulden machen gerade 2½ Kopfstücke.

545. Aus einem Lote Flachs werden 4000 Ellen Leinwand gemacht.

546. Aus einer Mark Silber werden 9 Speziestaler verfertigt. Ein Speziestaler hat 6 Mark, folglich ist eine Mark 5 Groschen.

547. Bekanntlich hatten die Griechen keine Zahlen (: Ziffern).

548. Die Alten hatten auch Würfel, d. h. sechsseitige Kugeln.

549. Wenn man 4 Würfel hat und will 6 Sechsen werfen, so wird dies nicht immer gelingen.

550. Seit Erschaffung der Welt sind über 6000 Jahre verflossen, daher müssen die Zahlen vor Christi Geburt zunehmen und nachher abnehmen.

551. Der Tag hat 365 Stunden und die Stunde 24 Minuten und davon nur 6 Stunden zur Schule.

552. Ein römischer Tag hat 30 Tage.

553. Wenn da ein Apfel, eine Brennessel und ein Stein liegt, so gehört das ins Tierreich, das zu den Pflanzen und das – na, das ist ein Stein.

554. Die Eichen werden in der heißen Zone selten über 14 bis 1500 Klafter hoch.

555. Während der Mensch auf zwei Beinen geht, gehen die anderen Tiere auf vieren.

556. Die Tiere gehören mit zu den lebenden Personen.

557. Auf schwarzen Bergen sind schwarze Tiere schwarz.

558. Der Elefant ist das größte Tier im Steinreich.

559. Das größte Insekt ist der Elefant.

560. Der Elefant wehrt sich mit seinem Schnabel gegen Löwen, Tiger und andere kleine Insekten.

561. Levaillant erlegte an einem Tage 12 Elefanten. Es werden aber nicht so viel gewesen sein.

562. Der afrikanische Löwe wächst bis zum zehnten Jahr, und von da an wird er immer größer.

563. Der Löwe hat ein so starkes Gebrüll, daß er es in der Wüste auf Meilenweite hört.

564. Bei den Löwen gibt es nicht das schwächliche Verhältnis zwischen Mann und Frau.

565. Der Tiger, der Leopard und der Panther lassen sich nur durch das Fell unterscheiden, welches bei allen dreien bunt ist.

566. Die Tiger können nicht als Pferde gebraucht werden.

567. Der Bär hat die Gewohnheit, daß er sich mit einem Sprunge auf den Rücken begibt.

568. Wenn die Bärin Junge wirft, und es sind drei Junge, und es sind nicht alle drei gleichmäßig Männchen oder Weibchen, dann sind es immer 2 Männchen und 1 Weibchen oder 2 Weibchen und 1 Männchen.

569. Steppenrosse, die einen Löwen wittern, drängen sich zusammen, und zwar so eng, daß in dem Gedränge zwischen den Tieren kein Apfel zur Erde kommt.

570. Wenn einer als Pferd geboren wird, so kann er das nicht ändern. Er bleibt ein Pferd, bis er stirbt.

571. Pferde, die bloß zum Fahren sind, nennt man Maulesel.

572. Das Rindvieh ist ein massenhaftes, nützliches Tier.

573. Das Schwein führt seinen Namen mit der Tat, denn es ist ein sehr unreinliches Tier.

574. Die Schafe dienen entweder zum Essen oder zur Wolle.

575. Über den Biber ist zu bemerken, daß seine

Bauten weniger mit dem Schwanze als mit den Zähnen ausgeführt werden.

576. Der Seidenhase ist eines der merkwürdigsten und nützlichsten Insekten.

577. Und wenn die Wärme kommt, so ruhen die Murmeltiere den ganzen Winter über aus.

578. Ratten und Mäuse bekommt man selten zu sehen und fast niemals in einer Mausefalle.

579. Das Känguruh springt 32 Fuß weit. Es würde noch viel weiter springen, wenn es vier statt zwei Beine hätte.

580. Die Faultiere leben im tropischen Südamerika und zeichnen sich dadurch aus, daß sie sich von jeder Tätigkeit mit Fleiß fernhalten.

581. Das ist ein brütender Vogel, der sitzt über den ausgebrüteten Jungen.

582. Eine Delikatesse ist ein ausländischer Vogel.

583. Die größten vierfüßigen Tiere in Ostindien sind die eßbaren Vogelnester.

584. Unter allen Tieren hat die Ente mit dem Schweine die größte Ähnlichkeit.

585. Daß der Schwan singt, ist etwas, das wir in der hiesigen Naturgeschichte nicht verstehen.

586. Die Gans ist das dümmste Tier, denn sie frißt nur so lange, als sie etwas findet.

587. Dieser Vogel heißt Entenstößer, aber nur in der Not, wenn er nichts anderes zu fressen hat.

588. Die Elstern, Krähen und Dohlen gehören zum Geschlechte der Holzhäher.

589. Die Kohlmeise ist von der Blaumeise dadurch unterschieden, daß sie blau ist.

590. Der Kolibri ist der kleinste Vogel im Pflanzenreich.

591. In China wachsen die Seidenwürmer wild.

592. Merken Sie sich den Unterschied zwischen Insekten und Kerbtieren. Die ersten bilden eine größere Klasse, in welche die zweiten nicht hineingehören.

593. Die Zoophyten und die Phytozoen unterscheiden sich nur durch die Zusammensetzung.

594. Bei uns gibt es wenig Wasserfische, wollte sagen, in unseren Gewässern gibt es wenig Fische.

595. Wenn man einem Walfisch mit einem langen Messer den Bauch aufschneidet, so nährt er sich von ganz kleinen Heringen.

596. Nun kommen wir an die Geographie des Menschen.

597. Der Mensch hat wie alle Körper zwei Dimensionen in die Länge und Breite.

598. Die Hände des Menschen gehören nicht in eine Klasse mit seinen Füßen.

599. Bei ausgesprochenen Bösewichtern hält sich die Bluttemperatur gewöhnlich unter normal. Ihre Hand fühlt sich kalt an wie die einer Schlange.

600. Als das Einimpfen der Kuhpocken noch nicht erfunden war, starben viele Blattern an den Kindern.

601. Die polnischen Juden gehören unter die Pelztiere.

602. Die Hottentotten haben ein so gutes Gesicht, daß sie ein Pferd 3 Stunden weit trappeln hören.

603. Die Farbe der Neger ist dunkelgelbbraun; es gibt auch tigerartige Neger, und ihr Schafpelz ist ein Schafpelz.

604. Das Weiße im Auge des Negers ist gelb.

605. Von den Cheruskern stammen die Härzer ab; das sind gute Ärzte, weil sie im Harz wohnen.

606. Die Juden haben ihren Namen von Jütland, und Jütland hat seinen Namen wieder von den Juden.

607. In der polnischen Sprache gibt es viele lateinische und polnische Wörter.

608. Ein wichtiges Literaturdenkmal bietet das Werk von Sebastian Brant. Auf das ›Narrenschiff‹ komme ich in der nächsten Stunde.

609. Den erwähnten Umständen hatte es die historische Jungfrau von Orleans zu verdanken, daß sie als Hexe verbrannt wurde. Bei Schiller befindet sie sich bekanntlich in anderen Umständen.

610. Sie wissen natürlich wieder nichts von den inneren Zusammenhängen der ›Jungfrau‹, weil sie bei ihr geschlafen haben. Die Folgen werden sich zu Ostern zeigen.

611. Schillers ›Räuber‹ lebten und webten in den Tornistern der Freiheitskriege.

612. Von Schiller besitzen wir zwei Schädel. Einer davon ist wahrscheinlich unecht, da Schiller überhaupt nur ein Alter von 46 Jahren erreicht hat.

613. Im ›Tasso‹ stand Goethe noch ganz auf dem Boden der ›Iphigenie‹.

614. Hölderlin steht zwischen Klassizismus und Ro-
mantik, außerdem ist er gemütskrank. Was liegt
also näher, als daß er sich mit der Frage befaßt,
die schon seit undenklichen Zeiten die
Menschheit bewegt: Was ist der Mensch?

615. Der Mann ist reich, geschweige denn wohlha-
bend.

616. Sie liegt tief unter ihr. d.h., sie ist weit darüber
erhaben.

617. Amulett ist ein abergläubisches Symbol.

618. Da wäre das ebenso schwierig, und noch
schwieriger.

619. Die Gräfin lächelte kühl, was bei der großen
Hitze sehr angenehm war.

620. Der Protagonistes spielte ein junges Mädchen,
die Antigone, zugleich auch einen alten Greis,
den Teiresias.

621. Wenn Sie eine Fensterscheibe zerbrochen haben, so ist das ganz einfach. Wenn einer eine Dummheit gemacht hat, so muß er sie eben wieder machen lassen.

622. Schreckliche Unsitten herrschen hier! Wenn der Lehrer in die Klasse tritt und glitsch über eine Apfelsinenschale, so ist das eine Gemeinheit!

623. Ich sehe heute wieder so viele, die nicht da sind.

624. Wo ist denn der Schmidt, fehlt der? Ja!
Hat er denn auch einen Entschuldigungszettel mitgebracht?

625. Stellen Sie sich nicht so an die offenen Fenster! Wenn einer herausfällt, dann will's keiner gewesen sein.

626. Das Urteil eines Lehrers ist nicht das Urteil eines Einzelnen.

627. Wenn der Professor stille ist, schweigen alle Lehrer.

628. Der Lehrer hat immer recht, auch wenn er unrecht hat.

629. Ich habe heute wieder mal solche Not mit dem Plaudern, wie die kleinen Kinder.

630. Schweigt, wir sind ja noch alle dumme Jungen!

Schüler: Ich nicht, Herr Professor.
Galletti: Aber ich!

631. So ein ungezogener Vater von einem so braven Sohne.

632. Ich bin jetzt aus dem Konzepte gekommen, und da dürft ihr mich nicht darin stören.

633. Der dumme Junge, der Lehning soll einge-schrieben werden.
Schüler: Herr Professor, er heißt nicht Lehning, sondern Meffert.
Galletti: Nun, dann soll er auch nicht einge-schrieben werden.

634. Widersprechen Sie nicht dem, was ich Ihnen niemals gesagt habe.

635. Halten Sie Ihre Ohren, wenn Sie Ihrer Zunge nicht freien Lauf lassen wollen.

636. Sie dürfen nicht reden, wenn ich rede; nur dann dürfen Sie reden, wenn ich nicht rede, und auch dann ist es nicht erlaubt.

637. Da unten sitzen ein paar und glauben und den-ken, sie wären schon Studentchens – ach, wir sind noch gar dumme Herrchens.

638. Unbescheidenheit ist eine Tugend, die ein Primaner eigentlich schon in Quarta abgelegt haben muß.

639. Bertram, lassen Sie das Schwatzen, denn meine Ohren reichen bis an die letzte Bank.

640. Ich sehe mich genötigt, eine neue Bankordnung

einzuführen. Die vorderen Schüler müssen sich so setzen, daß ich die hinteren sehen kann.

641. So! der dritte wird nun der sechste, und bis zum zehnten muß jeder um zwei heraufrücken.

642. Und Sie, Schäfer, gehören überhaupt nicht unter anständige Menschen. Kommen Sie zu mir auf's Katheder.

643. Da gibt man sich Mühe und will euch etwas beibringen, und bringt man euch nichts bei, dann könnt ihr nichts.

644. Wer jetzt nicht unaufmerksam ist, der wird nie einen Tadel von mir erhalten.

645. Nicht wahr, der Sander da, das ist der Böttcher?

646. Gib acht, ich gebe dir eine Maulschelle, wenn du nicht gleich unfolgsam bist.

647. Da sitzen auch ein paar Ungezogene. Ich will sie nicht nennen, aber sie sitzen zwischen Mertens.

648. Ihr denkt wohl, Geschichte ist so leicht wie Schnorps? Ach, Geschichte kann man in einer Stunde lernen, aber an Schnorps muß man mehrere Jahre studieren.

649. Sie drei da vorn, stellen Sie gefälligst Ihr Zwiegespräch ein.

650. Wenn ich Ihnen etwas sage, das geht gleich zu einem Ohr hinaus und zum andern wieder rein.

651. Fredershausen, wie heißt das Buch, das ich nennen will?

652. Wenn ich die Stellen alle anführen wollte, so brauchte ich mehr Zeit, als dazu erfordert wird.

653. Wer über diesen Gegenstand etwas Schriftliches nachlesen will, der findet es in einem Buche, dessen Titel ich vergessen habe. Es ist aber das 42. Kapitel.

654. Lassen Sie es gut sein, wir haben jetzt nicht Zeit, aus jedem Turmknopf einen Stecknadelkopf zu machen.

655. Dort sitzt wieder ein Unruhiger. Ich will ihn aber nicht nennen. Er heißt mit dem ersten Buchstaben Matthiae.

656. Wir spielen hier nicht als Kinder oder kleine Jungen.

657. Das kann nicht so fortgehen mit Ihrer Unzufriedenheit.

658. Zuerst stellen Sie mich vor unvollendete Tatsachen, und dann sehen Sie mich auch noch mit vorwurfsvollem Ton an.

659. Diese drei sind sehr geübt, künstliche Ungezogenheiten zu begehen.

660. Ja, ja, das Werfen mit Papierkugeln ist keine Kunst, es ist vielmehr eine ungezogene Kunst.

661. Da unten sitzen auch ein paar Unrichtige.

662. Es gibt viele, die nicht reden, wenn sie verstummen sollten, und andere, die nicht fragen, wenn sie geantwortet haben.

663. Dort sitzt schon wieder einer, der nicht unruhig ist.

664. Da mache ich eine ganz sonderbare Entdeckung: nämlich erstens, daß Sie überhaupt nicht lesen können, und zweitens Verse noch viel weniger.

665. Die Hauptsache, wenn man einen Aufsatz macht, ist das Anstreichen.

666. Ich wünschte sehr, daß Sie Ihre Aufmerksamkeit beim lateinischen Aufsatz besonders auf die Fehler richteten.

667. Das Lateinische in den Schulen abzuschaffen, wäre ein Verbrechen; denn trieben wir hier kein Latein, so würden alle Abiturienten in der Ciceroprüfung durchfallen.

668. Wenn Sie übereilt sind, machen Sie in Ihrem lateinischen Aufsatz den letzten Satz lieber gar nicht.

669. Ihr Aufsatz hat den Charakter eines Anfängers.

670. Er ist inhaltlich nicht schlecht, aber ich kann ihn nicht lesen.

671. Wenn man bloß zwei Dinge kauft, muß man sie durch et verbinden.

672. Es ist unlogisch zu sagen: dieser Mann besitzt Gerechtigkeit, Weisheit usw. und endlich noch ein Paar Stiefel und Strümpfe! (Gelächter). Beruhigen Sie sich nur, das sind so meine gewöhnlichen Beispiele.

673. Hier das Beispiel eines logischen Schlusses:
neger homines sunt,
rex est mortalis,
ergo est rex mortalis.

674. Das, was Sie da übersetzen, hat 1. niemand gehört, und 2. war die Konstruktion falsch.

675. Das ist ein berühmter Schnitzer, der schon in Quinta eingeübt wird.

676. Die Geschichte wollen wir uns mal ganz fest in den Kopf setzen. Dazu gehört ein ziemlich großes Stück Papier.

677. Da Sie in der Elementargrammatik so schwach sind, muß ich solche ordinären Fragen tun.

678. Wie heißt mein Beispiel, wenn es regnet?

679. Wollt ihr etwa die Bänke auf eure Füße legen und mit den Stiefeln die Tintenfässer abwischen?

680. Ein ordentlicher Schüler wird nie versäumen, mit schmutzigen Füßen in die Klasse zu kommen.

681. Schlagt die Bücher zu, und macht die Köpfe auf, damit nichts mehr hineingeht.

682. Wie oft habe ich euch gesagt, daß ihr die Federn immer an den Haaren abwischen sollt.

683. Legen Sie jetzt die Feder hin, und merken Sie sich das, was ich sage, mündlich.

684. Die Federkästen gehören in die Federhalter und die Mappen in die Federkästen.

685. Überaus entzückend ist in der antiken Skulptur die Stellung der drei nackten Grazien. Ich werde Ihnen das einmal vormachen.

686. Wer sich nicht über die Moral hinwegsetzen kann, der wird niemals ein ganz unmoralischer Schüler werden.

687. Das hört er nicht und ich nicht, da hören Sie es alle beide nicht.

688. Roos, wer schlug wen wann und wo?

689. Wie unterscheidet sich sequitur von einem anderen Worte, das ich Ihnen auch nicht sagen will?

690. Das Hauptkunststück beim Examen ist, daß einer gesund ist.

691. Versetzt werden können bloß die, die wirklich versetzt werden können.

692. In Prima darf eigentlich gar keiner Letzter sein.

693. Betragen »recht gut« ist eigentlich Unsinn. Entweder ist das Betragen gut oder nicht gut, und wenn es gut ist, ist es ganz genügend.

694. Es muß gleich 4 Uhr schlagen. Denn es hat vor einer guten halben Stunde ¾ geschlagen.

695. Die Sekundaner und Primaner können Bücher aus der Schulbücherei entleihen. Doch muß der Schüler von mir unterschrieben werden.

696. Künftigen Dienstag ist Äquator.

697. Ja, ja, Herr Kirchenrat, mit dem Lücke bin ich recht wohl zufrieden, aber mit dem Giebeler gar nicht; aber besser wie der Lücke ist er noch immer.

Persönliches

698. Die Begebenheiten des 30jährigen Krieges habe ich meistens noch selbst erlebt.

699. Ich kann gar nicht begreifen, wie mir etwas begegnen kann, das mir unangenehm ist.

700. Das kann ich noch nicht fassen, das ist mir noch nicht dunkel genug.

701. Ich, der Herr Professor Ukert und ich, wir drei machten eine Reise.

702. Ich bin so müde, daß ein Bein das andere nicht sicht.

703. Ich statuiere mit Kant nicht mehr als zwei Kategorien unseres Denkvermögens, nämlich Zaum und Reit, – ich wollte sagen Raut und Zeim.

704. Er kennt mich nicht. Ich bin nicht der Professor Kries, ich bin der Herr Professor Galletti, und wenn er zu Herrn Professor Kries geht, so wird ihm der das Umgekehrte sagen.

705. Als ich Sie von ferne sah, Herr Hofrat Ettinger, glaubte ich, Sie wären Ihr Herr Bruder, der Buchhändler Ettinger, als Sie jedoch näher kamen, sah ich, daß Sie es selbst sind – und jetzt sehe ich nun, daß Sie Ihr Herr Bruder sind.

706. Die Schwierigkeiten, die den Absatz meines Buches befördern, sind groß.

707. Wenn einer in ein Haus will, so wird er entweder hereingelassen oder herausgeschmissen.

708. Da muß man den Kern erst einmal mit einem Hammer zerbeißen oder zerschlagen.

709. Wenn man die Ausgaben des Staates betrachtet, so ist dieses das Staatsbarometer.

710. In dieser Wissenschaft sind wir eben jetzt noch nicht viel weiter, als wir im Altertum waren.

711. Unglück ist, was etwas Furchtbares bringt: Da der Tod nun kein Unglück ist, kann er auch nichts Furchtbares bringen, folglich ist der Tod kein Unglück.

712. Wenn ich einem Tiger begegne und der Tiger frißt mich auf, so muß ich das ganz natürlich finden.

713. Ja, ja, man hat der Exempel mehrere, daß kranke Leute gestorben sind.

714. Es ist eine üble Angewohnheit, abends im Bette zu lesen. Denn man hat Beispiele, daß mehrere Leute, die abends ihr Licht auszulöschen vergaßen, am Morgen, wenn sie aufwachten, verbrannt waren.

715. Beim Singen muß man den Mund aufmachen.

716. Bei einem Duett singt erst der eine, nachher der andere und zuletzt alle beide.

717. Alles waren Tenöre, und auch die Damen konnten nicht singen.

718. Modellieren ist eine Kunst, die aus Ton gemacht wird.

719. Wenn ich die Hölzer vernünftig zeichnen wollte, könnte ich sie gar nicht zeichnen.

720. So ein Landpfarrer hat eine Anzahl Ackerland, davon lebt der Pfarrer und die Kirche und alle übrigen.

721. Fällt man von einem Schiffe ins Meer, so kann man nicht nur ertrinken, sondern auch von einem Haifisch aufgefressen werden, was besonders im Mittelländischen Meer ganz bequem geht.

722. Wenn ein Schiff in Angst gerät, so wirft man einen Teil der Sachen über Bord.

723. Wer nicht immer tätig ist, der ist untätig.

724. Wenn eine Sache nicht schwarz ist, dann ist sie weiß; was anderes ist nicht möglich.

725. Da werden manchmal solche Verzeichnisse herumgeschickt, worin einer schreiben muß, wieviel er Kinder, Frauen und Ochsen hat.

726. Das ist dabei das allerwichtigste, was aber von gar keiner Bedeutung ist

727. Wer keinen Groschen hat, hat gar kein Vermögen.

728. Ein Papiertaler ist nur eine eingebildete Münze.

729. In der früheren Zeit war der reich, welcher wenig besaß.

730. Siegen kann man nur auf zweierlei Weise: entweder siegt man oder man siegt nicht.

731. Die Erfolge im Kriege waren bis jetzt höchst erfolgreich.

732. Das war nun so, nämlich es war nicht so.

Quellenverzeichnis

Aus Marquardt wurden 251 Aussprüche übernommen, nämlich:
Nr. 1–6, 8–24, 26–30, 32, 36, 45, 50, 56, 57, 64–71, 73–76, 81, 82, 85–87, 90, 95, 96, 101–107, 110, 113–115, 117–119, 121, 123, 125, 126, 128, 130, 131, 134–137, 139–161, 164–184, 186–203, 205–209, 213, 219, 228, 254–257, 279, 289, 298, 351–354, 356, 441, 442, 447, 454, 472, 476, 477, 479, 481–483, 487, 507, 511, 512, 514, 515, 521, 525, 532–534, 539–541, 543, 547–549, 553, 555, 556, 564, 566, 570–572, 574, 581, 582, 585, 591, 594, 597, 615–618, 621, 624, 625, 629, 638, 650, 664–666, 668, 669, 671, 672, 674–678, 687, 689–693, 707, 708, 710–712, 716, 718–722, 724, 725, 727–731.
Aus Hünerberg wurden 33 Schwupper entlehnt, und zwar:
Nr. 35, 46, 129, 132, 133, 138, 233, 234, 238–240, 272, 290, 291, 513, 522, 524, 528, 529, 563, 569, 580, 595, 599, 608, 609, 612, 622, 639, 640, 642, 667, 685.
Heimeran steuert 11 Weisheiten bei:
Nr. 218, 235, 491, 519, 611, 613, 636, 643, 649, 658, 670.
Der Gothaer Handschrift wurden 11 Dicta entnommen:
Nr. 7, 127, 185, 210, 478, 523, 620, 657, 673, 683, 695.
Auf mündliche Überlieferung gehen zurück:
Nr. 124, 162, 163, 226, 322, 508, 530, 568, 604, 610, 614, 619, 688, 717.
Alle anderen (412) Aussprüche finden sich in den beiden frühesten Galletti-Drucken.
Das Porträt Gallettis wurde reproduziert nach einer Lithographie von Paul Emil Jakobs (1802–1866) in der Sammlung Maillinger IV/1605 (= Singer, Bildnis – Katalog 30708). Original im Besitz des Münchner Stadtmuseums.
Das Zeugnis für Georg Heinrich Wilhelm Werther (S. 40) wurde uns von dessen Urenkel, Herrn Karl-Friedrich Bock, freundlicherweise zur Verfügung gestellt.

Inhalt

Herbert Rosendorfer im dtv

»Er ist der Buster Keaton der Literatur.«

Friedrich Torberg

Charles Bukowski
im dtv

Foto: Richard Robinson

Günter Grass
im dtv

Foto: Klaus Morgenstern

Die Blechtrommel
Die Autobiographie des Oskar
Matzerath, der Wirklichkeit
ertrommeln und Glas zersingen
kann
dtv 11821

Katz und Maus
Sein abnormer Adamsapfel
macht Mahlke zum Helden
wider Willen und führt seinen
Untergang herbei
dtv 11822

Hundejahre
Der Roman über die Danziger
Kleinbürgerwelt in der Zeit von
Faschismus und Krieg
dtv 11823

Der Butt
»…eine Geschichte vom Fehlen
und Verfehlen… eine Geschichte
mit verzweifelt utopischem
Ende…«
dtv 11824

**Ein Schnäppchen namens
DDR**
Gesammelte Reden des »vater-
landslosen Gesellen« Günter
Grass, gehalten im Jahr 1990
dtv 11825

Unkenrufe
Eine deutsch-polnische Liebes-
geschichte, erzählt mit leiser
Ironie und satirischer Schärfe
dtv 11846

Italo Calvino
im dtv

»Calvino ist als Philosoph
unter die Erzähler gegangen,
nur erzählt er nicht philoso-
phisch, er philosophiert
erzählerisch, fast unmerklich.«
(W. Martin Lüdke)

Foto: Isolde Ohlbaum

**Das Schloß, darin sich
Schicksale kreuzen**
Erzählung
dtv 10284

Die unsichtbaren Städte
Roman
dtv 10413

**Wenn ein Reisender
in einer Winternacht**
Roman
dtv 10516 / dtv großdruck 25031

Der Baron auf den Bäumen
Roman
dtv 10578

Der geteilte Visconte
Roman
dtv 10664

Der Ritter, den es nicht gab
Roman
dtv 10742

Herr Palomar
dtv 10877

Abenteuer eines Reisenden
Erzählungen
dtv 10961

Zuletzt kommt der Rabe
Erzählungen
dtv 11143

Unter der Jaguar-Sonne
Drei Erzählungen
dtv 11325

Das Gedächtnis der Welten
Cosmicomics
dtv 11475

Auf den Spuren der Galaxien
Cosmicomics
dtv 11574

Wo Spinnen ihre Nester bauen
Roman
dtv 11896

**Sechs Vorschläge für das
nächste Jahrtausend**
dtv 19036

Julien Green
im dtv

Foto: Isolde Ohlbaum

Junge Jahre
Autobiographie
dtv 10940

Paris
dtv 10997

Jugend
Autobiographie 1919 - 1930
dtv 11068

Leviathan
Roman
dtv 11131

Von fernen Ländern
dtv 11198

Meine Städte
Ein Reisetagebuch 1920 - 1984
dtv 11209

Der andere Schlaf
Roman
dtv 11217

Träume und Schwindelgefühle
Erzählungen
dtv 11563

Die Sterne des Südens
Roman
dtv 11723

Treibgut
Roman
dtv 11799

Moira
Roman
dtv 11884

Jeder Mensch in seiner Nacht
Roman
dtv 12045

Englische Suite
Literarische Porträts
dtv 19016

Graham Greene
im dtv

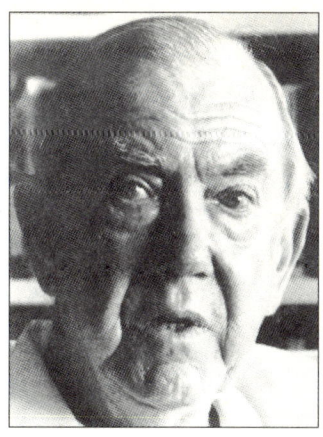

Ein Mann mit vielen Namen
Roman
dtv 11429

Orient-Expreß
Roman
dtv 11530

Ein Sohn Englands
Roman
dtv 11576

Zwiespalt der Seele
Roman
dtv 11595

Das Schlachtfeld des Lebens
Roman
dtv 11629

Das Attentat
Roman
dtv 11717

Die Kraft und die Herrlichkeit
Roman
dtv 11760

Der dritte Mann
Roman
dtv 11894

Das Herz aller Dinge
Roman
dtv 11917

Jagd im Nebel
Roman
dtv 11977

Unser Mann in Havanna
Roman
dtv 12034

Der stille Amerikaner
Roman
dtv 12063